Uwe Pollmann
Im Netz der grünen Hühner

D1664759

Uwe Pollmann

Im Netz der grünen Hühner

Die Straßenkinder von Recife
und was aus ihnen geworden ist

Lamuv Taschenbuch 226

Bitte fordern Sie unser kostenloses Gesamtverzeichnis an:
Lamuv Verlag, Postfach 26 05, D-37016 Göttingen

Das Papier des Buchblocks besteht zu 100 Prozent
aus Altpapier

97 98 99 00   9 8 7 6 5 4 3 2 1

1. Auflage 1997

© Copyright Lamuv Verlag GmbH, Göttingen, 1990, 1997
Alle Rechte vorbehalten

Fotos: Uwe Pollmann S. 13, 43, 59, 73, 92, 100 und 121;
terre des hommes S. 32, 132 (R. Jung) und 141
Umschlaggestaltung: Gerhard Steidl
unter Verwendung eines Fotos von
Hans Jürgen Burkard (Bilderberg)
Gesamtherstellung: Steidl, Göttingen
Printed in Germany
ISBN 3-88977-496-2

Inhaltsverzeichnis

Vorwort

»Wenn du nicht den Mut hast, der Straße die Stirn zu bieten, dann läufst du Gefahr zu sterben, so oder so!« Über zwölf Jahre sind vergangen, seitdem ich diesen Satz das erste Mal gehört habe. Und zwar aus dem Mund eines Straßenmädchens. In einer alten heruntergekommenen Busgarage am Rande einer großen Kirche im Altstadtviertel São José in Recife. Zwölf Jahre später stehe ich wieder vor dem Eingang der Garage. In der Erinnerung sehe ich sie ein- und ausgehen, die Straßenkinder von damals, höre ihr lautes Rufen, ihre heftigen Begrüßungen oder auch ihre Streits aus dem Innern der Garage.

Ein paar Passanten stoßen mich an. Vor, neben und hinter mir drängen Menschen in das angrenzende Marktviertel mit seinen dichtgedrängten Ständen mit Gemüse, Töpfen, Pfannen, Gewürzen oder Textilien. Die einst bröckelnde Fassade der Kirche erstrahlt säuberlich renoviert und gestrichen. Erhaben, ja, mondän erhebt sie sich aus dem Altstadtviertel und lockt die Blicke von einigen Touristen an. In die Garage neben der Kriche gehen einige junge Frauen. Eine Boutique bietet hier jetzt die neuesten Moden an. Nichts mehr erinnert an damals.

»Wenn ich hier vorbeigehe, habe ich fröhliche, aber auch traurige Erinnerungen«, sagt neben mir Demetrius Demetrio, den ich hier vor über zwölf Jahren kennengelernt habe. Als junger Streetworker scharte er damals die Menschen der Straße und vor allem die Straßenkinder um sich. In dieser Busgarage begann seine Arbeit, sein Engagement, sein Lebenswerk, das noch immer nicht beendet ist. »Damals hatte ich noch den Traum, daß es in zehn Jahren keine Kinder mehr auf der Straße geben würde. Aber heute? Was hat sich eigentlich geändert?«

Ja, was hat sich geändert? Und vor allem: Was ist aus den Kindern geworden? Diese Fragen sind mir in den letzten Jahren immer wieder gestellt worden. Die Straßenkinder Brasiliens erschienen seit Mitte der achtziger Jahre immer häufiger in den Medien. Viele Hilfsorganisationen bemühten sich um eine Besserung ihrer Lage. Aber was hat das bewirkt? Leben nicht weiterhin Abertausende auf den Straßen der Städte? Haben sie wirklich eine Chance? Für ein Nachwort in einer Neuauflage dieses Buches habe ich mich deshalb entschlossen, dem Leben der Kinder von damals noch einmal nachzugehen. Was ist aus ihnen geworden? Für einige Tage durchstreife ich mit Demetrius die Millionenstadt Recife. Wir suchen die Orte von damals auf, sprechen mit Jugendlichen auf der Straße und suchen Erinnerungen an die Kinder von damals.

Herbst 1997   Uwe Pollmann

Linda, Gilmar und die Abfallsammler

Recife, eine Zwei-Millionen-Stadt in Brasilien

»Wenn du nicht den Mut hast, der Straße die Stirn zu bieten«, sagt Lindalva, »dann läufst du Gefahr zu sterben, so oder so!« Aber auch Sérgio, Linda, Júcelio, Christina, Dinho oder Bolacha könnten das sagen. Sie alle leben in Recife, das mit seinen weit über zwei Millionen Einwohnern größer ist als Hamburg oder West-Berlin. Sie alle gehören zu den Millionen von Kindern in Brasilien, deren Leben die Straße ist. Und einige gehören zu den 20 000 Dieben ihrer Stadt.

Recife liegt im Nordosten von Brasilien, das 34mal größer ist als die Bundesrepublik Deutschland. Von den 135 Millionen Menschen in diesem riesigen Land leben aber mehr als die Hälfte oft auf engem Raum in den Städten. Der Großteil der Ländereien ist in den Händen weniger Großgrundbesitzer. Da die Lebensbedingungen für die Masse der Landbevölkerung äußerst schlecht sind, wandern viele Menschen in der Hoffnung auf ein besseres Leben durch das Land. Aber ihre Suche endet meistens in den *Favelas,* den wachsenden Elendsvierteln der Städte.

Aus diesen *Favelas* kommen die Kinder, über die das Buch handelt. Ich lerne sie zwischen Juli und Oktober 1984 dort kennen, wo sie arbeiten und leben, auf den Straßen und Märkten von Recife. Weil nur die *Padres,* die katholischen Priester, sich für ihr Leben interessieren, sehen mich manche als *Padre* an. Viele gewinne ich nach wochenlangem Erscheinen bald mehr zu Freunden, als ich ursprünglich vorhatte. Sie berichten aus ihrem Leben und von ihrem alltäglichen Kampf. Sie berichten, was sie denken und fühlen, warum sie so sind, wie sie sind. Die Straßenkinder von Recife.

Kinder, Padres und Kämpfe

Das einzige, was der unerbittliche, Tage und Nächte andauernde Regen der letzten Wochen mir bei meiner Ankunft noch hinterläßt, ist die hohe Luftfeuchtigkeit, die mir den Schweiß literweise aus den Poren treibt, während ich Kilometer um Kilometer die Stadt durchquere. Das niederbrechende Wasser hat in den *Favelas* schwache

Dächer eingedrückt und Hütten weggeschwemmt. Menschen sind ertrunken und verletzt worden. In den Elendsvierteln, die an den Flußufern liegen, ist Hab und Gut aus den Baracken zusammengescharrt worden, um es an sichere Orte zu bringen. Jedes Jahr stehen Tausende auf der Straße und warten, bis das Wetter endlich umschlägt und das Wasser aus ihren Unterkünften fließt. Dann beginnt für viele die rastlose Suche nach neuem Material für die Reparatur ihrer Häuser. Mitunter müssen die Unterkünfte neu gebaut und neues Mobiliar angeschafft werden, weil durch Überschwemmungen alles mitgerissen worden ist.

Jetzt aber ist der Regen der letzten Zeit von Sonne und Gullis verschluckt, und eine nicht endende Blechlawine wirbelt den Staub von den Straßen. Asphalt und Pflaster sind warm, heiß dort, wo der Schatten sie nicht erreicht. Im Zentrum der Stadt machen sich Hupen und röhrende Motorengeräusche breit. Auspuffgase vermischen sich ineinander wie die unersättlichen Gespräche und das unermüdliche Getrampel auf den Gehsteigen. Aus einer Ecke schallt Geklapper. Ein Kaffeeverkäufer macht mit dem Deckel einer umgehängten Holzkiste auf sich aufmerksam. Musik, Rufe, Anpreisungen aus den Läden. Eine beharrliche, unaufhörliche Geräuschkulisse untermalt das Gehetze von Tausenden.

Ein Junge in Hemd und kurzer Hose sitzt auf der Bordsteinkante an einer Straßenecke und schiebt Steinchen in dem Dreck der Gosse hin und her. Einen halben Meter vor seinen halb ausgestreckten Beinen, seinen nackten Füßen donnern die einbiegenden Busse vorbei. Fast teilnahmslos schaut er auf. Nicht auf die bedrohlich riesigen Räder. Nicht auf die Menschen, die Autos, die Kreuzung. Er schaut auf und wieder nieder.

Langsam zieht er ein Bein heran und ruht seinen Kopf auf dem Knie aus. Ruhig. Gelassen. Verträumt.

Was träumt er? Was denkt er? Wieder hebt sich sein Blick und gleitet versunken die Straße entlang.

Die Welt kennt viele Straßen. Abermillionen vielleicht. An zwei von ihnen, an einer Kreuzung in Recife, sitzt ein Junge und spielt mit Steinen sein Spiel. Über zwei Millionen Menschen teilen sich die Straßen der Stadt. Für einige sind sie nur der Dreck im Profil ihrer Reifen oder der Staub an den Schuhen. Für andere mehr.

Ein Leben.

Bei meiner Suche nach dem Leben der Straßenkinder dieser Stadt lande ich bei Padre Reginaldo Veloso. Seit dreizehn Jahren kämpft er in der Bewegung *Amigos das Crianças* für die Rechte der Kinder. Ein Jahr hat er im Gefängnis gesessen, weil er ein Lied über Padre Vito geschrieben hat. Padre Vito hatte achtzig Kilometer südlich von Recife in einer kleinen Stadt inmitten der *Zona Canaveira,* des Zuckerrohrgebietes, gewohnt und eine Kirchengemeinde betreut.

In der *Zona Canaveira* bestimmt das Zuckerrohr das Leben der Menschen. Hier lebt fast jeder vom Zuckerrohr. Die einen besser, die anderen schlechter. Das heißt, einige wenige Zuckerfabriken- und Plantagenbesitzer leben besser. Sie leben sogar recht luxuriös, weil sie viele ihrer Arbeiter schlecht entlohnen. So sind Zuckerrohrarbeiter derart unterbezahlt, daß es nicht selten ist, wenn ihre Familien als Hauptmahlzeit nur einen Brei aus Maniokmehl auf dem Tisch haben. Ihre Kinder besuchen nicht die Schule, weil sie bereits im Alter von acht oder neun Jahren auf den Plantagen arbeiten. Sie schneiden, bündeln und schleppen Zuckerrohr wie die Erwachsenen. Die schweren Lasten und die unzureichende Ernährung verursachen Schwächeanfälle. Verletzungen und Hautkrankheiten sind die größte Sorge.

Also wehren sich die Arbeiter, wehren sich Frauen, Männer und Kinder und stellen Forderungen. Sie streiken jedes Jahr oft tagelang für Lohnerhöhungen, obwohl sie bei diesen Streiks hungern müssen, weil sie nicht bezahlt werden. Zuckerfabriken- und Plantagenbesitzer wollen auf diese Forderungen nicht eingehen. Sie stellen Revolvermänner ein, die die Landarbeiter des Nachts aufsuchen, sie bedrohen und einschüchtern.

Aber Padre Vito hatte sich konsequent auf die Seite der unterdrückten Zuckerrohrarbeiter gestellt, was den Zuckerfabriken- und Plantagenbesitzern mißfiel. Sie übten Druck auf Abgeordnete und Regierung aus, und schon wurde Padre Vito des Landes verwiesen. Damit aber die Unterdrückung in der *Zona Canaveira,* der Kampf der Arbeiter und ihre Unterstützung durch Padre Vito nicht vergessen werden, hat Padre Reginaldo Veloso ein Lied geschrieben.

Das Büro von Padre Veloso in der Erzdiözese von Recife und Olinda ist klein, beengt und voll mit Kisten, Zetteln und Büchern. Hier gehen Jugendliche und junge Menschen, die sich für die Kinder dieser Region einsetzen, ein und aus. Durch Padre Veloso lerne ich auch Demetrius kennen.

Die alte Busgarage

Tagsüber ist das alte Stadtviertel um den *Mercado de São José* durchdrungen von einer pulsierenden Menschenmenge, die sich durch die Gassen schiebt. Mühsam versuche ich mal vor, mal hinter den Händlertischen zu überholen und gleichzeitig den entgegenströmenden Leuten auszuweichen.

Das Herz des Markttreibens bildet der *Praça Dom Vital*. Vor dem Portal einer riesigen Kirche breiten Gemüse- und Früchtehändler ihre Produkt derart gedrängt aus, daß fast jeder Raum des Platzes genutzt ist. Kleine überdachte Tische, Plastiktüten, Jutesäcke und Zeitungen, auf dem Pflaster ausgelegt, dienen als Unterlage. Von allen Seiten kommen Angebote und Empfehlungen.

»Ein paar Tomaten, *Senhor?*«

»Schöne, wunderbare Apfelsinen, sehen Sie selbst!«

Von einem kleinen Stand kommt Essensgeruch herüber. Dann wieder riecht es süßlich. Ja, nach Parfüm. Aus einem Eingang der anliegenden alten Markthalle verbreiten sich Düfte allerlei kleiner Hölzer und getrockneter Pflanzen in alle Winde.

Mächtig, wie ein riesiger Felsen, erhebt sich die größte der vielen Kapellen und Kirchen dieser Stadt an einer Seite des Platzes. *Igreja da Penha*. Eigentlich *Igreja Nossa Senhora da Penha*. Aber alle nennen sie kurz: Kirche des Felsens.

Neben der Kirche ist das Tor zu einer alten großen Garage offen. Ein junger Mann sitzt auf dem Boden und hält ein kleines Feuer wach. Unsicher frage ich nach dem Eingang und nach Demetrius.

Mitten im Raum stehen vier Leute an einem Tisch und bereiten einen kärglichen Gemüsehaufen zu. Ein paar kaputte Stühle stehen herum, ein kleiner notdürftiger Erste-Hilfe-Schrank hängt rechts an der Wand. An die linke Wand sind zwei Duschkabinen gemauert.

Demetrius ist einundzwanzig. Seit drei Jahren kennt er die Straße, die Menschen, ihre Geschichten. Und vor einem Jahr hat er sich zu dieser Arbeit entschieden. Barfüßig, in Turnhose und mit einer

Mütze auf dem Kopf steht er vor mir und wartet geduldig, bis ich herausbringe, was ich will. Kein Problem, ich solle nur hier bleiben, gleich mithelfen, mich unterhalten und morgen wiederkommen.

Nach einer Weile sitze ich unbeholfen auf einem Hocker an der Wand. Vier Mädchen kommen hereingestürzt. Durchlöcherte dreckige Kleidung, schmutzig am ganzen Körper, die Haare wild durcheinander gefegt, jede mit einem kleinen Beutel in der Hand. Schnurstracks und lächelnd kommen sie auf mich zu. Und ein Haufen kurzer Fragen prasselt auf mich herab: »Wie geht's?« – »Wie heißt du?« – »Was machst du?« Der Wortwechsel ist kurz. Dann sind sie wieder verschwunden. Die Namen Linda und Adriana behalte ich.

Eine junge Frau mit einem Schnuller im Mund hält auf Demetrius zu. Andere folgen ihr. Zwischen achtzehn und zwanzig müssen sie sein. Ein unverständliches Palaver beginnt. Drohungen. Eine beschimpft eine andere lauthals. Unverhofft löst sich alles wieder auf. Zwei verschwinden in den Duschkabinen an der linken Wand.

Ich schaue auf die Mauer neben den Kabinen und lese:

»Die Straße ist hart wegen der Erniedrigung, die du durchmachst. Es fehlt was zu essen, der Platz zum Schlafen, und Kleidung hast du auch nicht.«

Paulo

»Die Straße, ganz egal, ob gut oder mies, denn wenn die Polizei uns schnappt, dann gibt's Prügel.«

Sebastião

Unter denen, die kommen und ihren Anteil Gemüse für die gemeinsame Suppe auf den Tisch legen, ist Carioca. Er beteiligt sich nicht an der Zubereitung. Er läßt sich auf einem Hocker nieder, stützt die Ellbogen auf die Knie und sieht auf den Boden. Narben bedecken seine Unterarme, innen und außen. Bald weiß ich, daß die Militärpolizei Zigaretten auf der Haut von Kindern und Jugendlichen ausdrückt.

Die Gemüsesammler

Die Tage darauf komme ich wieder. Jeden Tag. Ich sitze, warte, lasse mich ansprechen, spiele Domino, wasche und schneide Gemüse. Man gibt mir einen Teller in die Hand, und ich esse mit.

Salziges Wasser, Tomatenstücke, Zwiebeln, einige Kartoffelscheiben. Eine Suppe, die eine Stunde auf dem Feuer durchgekocht ist. Für die Mehrzahl hier die einzige Nahrung am Tag. In einer Ecke sitzen Kinder in ihren zerschlissenen Kleidern, mit ihren Beuteln und Plastiktaschen, und löffeln ungeduldig aus ihrem Teller.

»Hey, Padre, setz dich zu uns!« rufen sie mir zu.

Der heutige Tag war mies. Niedergeschlagenheit und Resignation steht ihnen in ihren mageren Gesichtern geschrieben. Rinaldo ist zwölf Jahre, sein Bruder Ivanildo vier Jahre. Beide sitzen neben mir. In ihrer Mitte verweist ein kärglich mit Gemüse gefülltes Säckchen auf die Tagesausbeute. Wie alle in der Runde lesen sie abfallendes und verfaultes Gemüse unter den Ständen vom Pflaster oder aus der Straßengosse. Nur ein paar Zwiebeln, aber sonst nichts. Nicht einmal *hundert Cruzeiros,* zehn Pfennig, hat ihnen der Tag gebracht.

»Wann kommst du so in die Stadt?« frage ich die zehnjährige Silvania, die ihren dreijährigen Bruder wie eine Mutter umsorgt und ihm die Suppenlöffel rasch in den Mund stopft, damit er Anrecht auf einen zweiten Teller bekommt.

»Ich komme so um zehn oder elf. Manchmal zwölf Uhr. Und dann bleibe ich bis abends.«

»Und morgens?«

»Ich hole Wasser. Zwölf Kanister, jeden Morgen.«

»Ist das schwer?«

»Und ob! Das ist schwer, denn der Hang den Berg hinauf ist sehr steil!«

»Wieviel seid ihr zu Hause?«

»Meine Mutter und meine sechs Geschwister. Mein Vater ist gestorben.«

»Und was machen die anderen?«

»Zwei Schwestern arbeiten. Sie sind Wäscherinnen. Meine Mutter bleibt bei den Kleinsten zu Hause.«

»Kommst du denn jeden Tag hierher, Silvania?«

»Nein, sonntags nicht. Sonntags bleibe ich zu Hause. Manchmal wasche ich Wäsche, wasche das Geschirr, mache das Haus sauber. Weißt du, alles! Aber sonst gehe ich immer in die Stadt. Wenn es zu Hause nichts gibt. Ich esse dann hier. Ich frage die Leute, und wenn sie mir was geben, nehme ich es und esse. Heute habe ich fast eine Flasche *Guaraná** und ein Stück Brot bekommen.«

»Wie ist denn das Essen bei euch daheim?«

»Es gibt Brot . . . Brot . . . Brot und Kaffee«, stottert sie leise vor sich hin.

»Meine Mutter findet es gut, wenn ich in die Stadt gehe!« schaltet sich Adriana ein. Eine verzweifelt freundliche Miene setzt sie auf und schaut mich gebannt an. Ein elfjähriges Mädchen mit zottigen, ver-filzten, schulterlangen Haaren und einem schief geschnittenen Ponny sucht Wärme, Liebe, Zuneigung.

Adriana träumt. Die vielen Male, die ich sie antreffe, lacht sie mich an, umarmt mich und hält mich mit ihrer ganzen Kraft fest. Wenn auch die vielen anderen, die ich kennenlerne, ihre Not zunächst zu verbergen wissen, in Adrianas Gesicht sehe ich das ganze Unglück dieser auswegslosen Situation.

Linda schämt sich

Zwei Wochen, nachdem ich bereits viele Kinder kenne und Tag für Tag versuche, ihr Vertrauen zu erwerben, ihre verständliche Unge-duld für ein paar Momente zu zähmen, um etwas aus ihrem Leben zu erfahren, gewinne ich das Mädchen zu einem längeren Gespräch, das mich am ersten Tag so freudestrahlend begrüßte. Linda kommt aus Coque, einer *Favela,* die als die gewalttätigste der Stadt gilt. Ihr Leben steht für das Leben vieler Kinder. Der Vater ist arbeitslos, hat die Familie verlassen, und die Mutter steht allein mit den Kindern da. Linda zieht zu ihren Verwandten, zu ihrer Großmutter. Und sobald die Mutter einen anderen Mann findet, den sie nicht mag, aber braucht, kehrt Linda zurück. Für die Schule fehlt aber noch immer das Geld und auch eine Anmeldebescheinigung, die viel kostet. Und mit zwölf Jahren wird sie ohnehin von keiner Schule mehr angenom-men.

»Ich war sieben oder acht Jahre, als ich das erste Mal hier auf den Markt in die Stadt kam. Meine Oma schickte mich los, um was für das

---

* Brause aus einer Amazonas-Frucht

Schwein zu sammeln. Weißt du, Schweineessen! Und heute bitte ich um Almosen. Ich bettele um Knochen und Gemüse. Und manchmal, wenn wir betteln, dann sagen die Leute: ›Geh doch stehlen!‹ oder was weiß ich. Aber ich sage: ›Nein, ich nicht!‹«

»Was würdest du gerne machen, wenn du nicht hier auf der Straße Gemüse sammeln müßtest?«

»Ach, ich möchte gerne, daß sie mich zur Schule gehen lassen. Denn manchmal, weißt du, manchmal weine ich, wenn ich die anderen Mädchen zur Schule gehen sehe. Ich bin wütend, weil sie lernen dürfen und ich nicht. Ich weine. Aber, auch wenn ich weine, ich habe mich doch schon daran gewöhnt.«

Linda holt tief Luft. Fragend schaut sie mich an.

»Vielleicht ist ja noch Zeit in der Zukunft. Ich kann doch immer noch zur Schule gehen, oder?«

»Was denkst du denn von der Zukunft?« frage ich. Und während sie überlegt, frage ich etwas genauer: »Was würdest du für deine Kinder erwarten, wenn du in Zukunft welche hättest?«

»Daß es ihnen gut im Leben ginge. Ein gutes Ehepaar, gute Eltern. Und eine gute Arbeit. Und sie sollen nicht . . . nicht so wie ich betteln!«

»Kennst du andere hier auf dem Markt?«

»Ja, Adriana, Bidu, ich kenne viele. Es gibt auch viele, die sind sehr blöd. Die nehmen das Gemüse so vom Tisch. Ohne zu bezahlen. Aber mit denen will ich nichts zu tun haben. Sie könnten mich fangen, die Männer, und dann habe ich auch Schuld. Einmal, da war ich in der Nähe von einem Kleisterschnüffler, und plötzlich kamen zwei Polizisten an. Da nahm der seine Dose mit Kleister und stellte sie zu mir. Ich sagte: ›Nimm die weg, Mensch!‹ Er aber: ›Du wirst sie hier behalten!‹ Da mußte ich sie nehmen. Nachdem die Polizisten vorbei waren, bin ich abgehauen. Ich finde es schlimm, wenn ich einen sehe, der das macht, der, weißt du . . .«

Linda hält sich die Faust vor den Mund und imitiert die Kleister schnüffelnden Kinder. Tief zieht sie Luft durch die geschlossenen Zähne, so daß es zwischen den Zahnlücken zischt.

»Glauben die Polizisten oder die Leute denn, daß du auch zu den Kleisterschnüfflern gehörst?«

»Es gibt viele, die rufen mich Kleisterschnüfflerin oder, was weiß ich, Diebin. Ja, sie nennen mich eine Diebin! Aber das bin ich nicht!

All das bin ich doch nicht, und das ärgert mich sehr. Ich sage meiner Mutter oft, daß ich nicht mehr auf den Markt will, um zu betteln. Ich möchte zu Hause bleiben, wenigstens ein besseres Leben haben. Aber auf dem Markt betteln, das mag ich nicht.«

»Und was sagt sie dann?«

»›Du mußt betteln, denn sonst haben wir nichts im Haus!‹ Und dann gehe ich. Aber ich schäme mich, ich schäme mich ganz doll. Ich habe ein paar Freunde, die ich manchmal sonntags am Strand sehe. Wenn die wüßten, daß ich das mache…«

»Wie spät gehst du los in die Stadt?«

»Ich verlasse das Haus um acht, und um neun bin ich hier.«

»Und wann kehrst du abends zurück?«

»Wenn der Markt aus ist, dann suche ich noch Gemüse vom Boden, weißt du. Manchmal bin ich erst um zehn Uhr zurück, und dann schimpft sie.«

»Kommt es auch vor, daß du nichts mitbringst?«

»Hin und wieder habe ich wenig oder gar nichts, und dann schimpft sie auch. Sie sagt: ›Seit heute morgen treibst du dich herum, strolchst durch die Gegend!‹ Und ich sage: ›Aber nein, Mama, der Markt war heute schlecht!‹«

Linda stockt, und mit einem lächelnden, aber wehmütigen Gesicht schaut sie mich an und dann auf ihre Hände, die sie in ihrem Schoß miteinander spielen läßt.

»Aber der Markt war nicht schlecht«, fährt sie fort, »nur daß ich… weißt du, ich habe mich so geschämt. Manchmal habe ich keine Lust, und ich bin dann so traurig. Sie rufen mich Kleisterschnüfflerin, Diebin. Ich habe schon viele Diebe stehlen gesehen. Aber ich? Nein!«

»Was meinst du, was könnte man für die Kinder auf der Straße tun?«

»Wenn du kommst und bettelst, daß sie dir wenigstens was geben. Wenigstens eine Kartoffel. Eine, die nicht ganz so faul ist. Ein *Chuchu**, ein bißchen Gemüse, damit wir abends was zu essen haben. Manchmal geben die Leute eine kleine Kartoffel oder eine Banane. Gut, es ist ein wenig schlecht, aber es geht. Und so müßte es sein.«

So müßte es sein…

---

* Chujoten – Gemüse aus dem mittelamerikanischen Raum

Aber der Markt ist überlaufen. Hunderte von Kindern zwängen sich tagsüber zwischen Tischbeinen und Gestellen, rutschen unter den Auslagen blitzschnell über den Boden, damit ihnen keiner das gerade entdeckte Gemüse vor der Nase wegschnappt.

Abends nach Marktschluß sind die Gassen im Viertel São José voll mit den Tagesabfällen der Händler und Warenhausbesitzer. Bevor aber die Müllabfuhr die Reste zusammenfegt und einkarrt, werden die brauchbaren Abfälle schnell aussortiert. Pappe, Tüten, Stoffstücke der Textilläden, Essensreste der Restaurants und Imbißstuben. Nur das beständige Wühlen hungernder, armer Menschen ist zu hören. Und das herannahende Fegen der Müllmänner und Müllfrauen.

Kaputte Füße

»Ich bin ein Junge, der kämpft! Ich kämpfe für zu Hause!« Der dies sagt, ist ein Junge, der bereits vielen Beschäftigungen nachgegangen ist. Gilmar war Barhelfer, Gemüseverkäufer, Altmaterialsammler, Träger und Handlanger in allen Varianten und zu allen Gelegenheiten. Heute ist er vierzehn Jahre und sammelt das abfallende Gemüse vom Pflaster. Er kennt weder Schule, noch hat er Freunde. Er sucht in der ganzen Stadt nach einem Job, nur für ein paar Tage, aber er findet nichts.

Bevor ich ihn frage, will er wissen, wo ich herkomme und wo das liegt, *Alemanha!* Ich kritzele in groben Umrissen eine Weltkarte auf ein Blatt Papier, zeichne Brasilien und Deutschland ein und weise gleichzeitig in die nordöstliche Himmelsrichtung.

»Wie kommt man da hin? Auch mit dem Bus?«

»Nein, mit dem Flugzeug oder mit dem Schiff. Mit dem Schiff dauert es mindestens zehn Tage!«

Erstaunt sieht er mich mit offenem Mund an.

»*Puxa*!*« sagt er typisch brasilianisch. »Ist das wirklich so?« – »Und Amerika, wo liegt das?«

---

* gesprochen: puscha

»Amerika?« Ich überlege kurz. »Du meinst die USA!? Die USA liegen hier oben und Brasilien da unten. Alles zusammen nennt man den Kontinent Amerika...«

Gilmar unterbricht mich. Das wird ihm zuviel.

»Nein, nein, Amerika ist Amerika und Brasilien Brasilien. Brasilien gehört doch nicht zu Amerika! Nein, das stimmt nicht!«

Ich wage nicht zu widersprechen.

Gilmar fragt weiter.

»Sag mal, glaubst du eigentlich diesen Quatsch, daß Menschen auf dem Mond sind?«

»Ja, es sind Menschen dort gelandet...«

»*Puxa!* Und wie ist das mit dem Mond und der Sonne?«

Tief grübelnd sieht er mich an, wartet auf eine Antwort. Geduldig hört er meinen Erklärungen zu. Daß der Mond sich um die Erde dreht, daß die Erde sich um sich selbst dreht und um die Sonne... Aber er glaubt es nicht!

»Nein, Jesus hat die Erde in seinen beiden Händen. Jesus beschützt uns zu jeder Zeit!«

Er sieht mich fragend an, als wollte er sagen: Begreifst du das? Er wartet kurz und fährt fort: »Aber nun sag, was wolltest du von mir wissen? Frag weiter!«

»Wie viele Jahre bist du schon auf der Straße?«

»Wie viele Jahre?« entgegnet er überrascht, fast entsetzt. »Mensch, lange genug. Seit ich klein bin, kämpfe ich für zu Hause. Mit sieben habe ich angefangen, und heute sind meine Füße kaputt, Padre! Alles abgeschabt und aufgerissen! Das kommt alles vom Laufen!«

Er hebt beide Beine.

»Hast du etwa solche Füße? Hat nicht alle Welt eine gute Sohle unter den Füßen verdient?! Ich bin ein Junge, der kämpft!«

Jeden Satz, den Gilmar spricht, betont er. Sie klingen bestimmend. Wie ein Gebot. Sie zeugen von Stärke und Widerstandskraft. Er hat einen festen Willen, den er sich nicht so einfach nehmen läßt.

»Ja, ein Junge, der kämpft... Und, weißt du, nicht einer von denen, die hier herumstrolchen. Das habe ich nie gemocht. Ich klaue nicht. Ich bin weder ein Dieb noch ein Kleisterschnüffler. Aber ich kenne sie, ich kenne viele!«

Gilmar hat Angst, ganz auf der Straße zu landen. Aber er wehrt sich. Er will für sein jetziges Leben kämpfen. Mit den anderen, die diesen Kampf aufgegeben haben, will er nichts zu tun haben.

»Es gibt die, die hier herumvagabundieren. Aber mit mir läuft das nicht«, sagt er. »Wenn meine Mutter mich losschickt, dann gehe ich.«

»Hast du Angst vor den Kleisterschnüfflern?«

»Na klar habe ich Angst! Denn die sind stärker als ich! Wie soll ich es mit einem Kleisterschnüffler aufnehmen, wenn die voll sind und mehr Kraft haben als ich? Wenn ich denen dann eins überziehe, merken die nichts. Aber ich! Ich schon!«

Die Kleisterschnüffler

Cheira-cola*, Kleisterschnüffler. Was ich bisher von ihnen weiß, habe ich von anderen erfahren. Von denen, die ihnen am nächsten sind, sie aber dennoch ablehnen, ihnen ausweichen. Sie meiden sie wie etwas Abschreckendes. Als wären sie eine Mahnung für alle Kinder.

Wie jedoch kann ich selbst mit ihnen sprechen, ihr Vertrauen gewinnen? Obwohl sie fast jeden Tag in der alten Garage auftauchen, sind sie nie zu fassen. Sie wirken unantastbar. Unberührbar. Ängstlich. Nervös. Aufbrausend.

Sie tauchen auf und verschwinden. Wie ein Windstoß, der rasch durch den Raum fegt. Doch es soll nicht lange dauern, bis ich etwas von ihrem Leben erfahre ...

Knapp drei Wochen vergehen, ehe ich Demetrius das erste Mal auf einem Gang durch die nächtlichen Straßen begleiten will. Kurz bevor wir die alte Busgarage verlassen, hämmert es heftig an der großen Eisentür.

»Demetrius, Demetrius! Mach schnell auf!«

Drei Jungen huschen durch den geöffneten Spalt, kauern sich eng beieinander auf den Boden und reichen eine Dose mit Schuhkleister von einem zum anderen. Sie sind aus einer der Jugendheime der FEBEM geflohen, einer staatlichen Einrichtung. Zwei haben kein Hemd – ihre Anstaltskleidung hätte sie gleich verraten.

---

* gesprochen: schära-kolla

Der Schnüfffelstoff versetzt sie in einen Dämmerzustand. Langsam sind ihre Bewegungen, und tief hängen ihre Augenlider. Gebückt halten sie sich ihre Bäuche.

»Hunger!«

»Kalt!«

Sie spielen Situationen aus der Anstalt nach.

»Übungen, immer Übungen machen ... Aufstehen! Hinlegen! Aufstehen!... immer exerzieren...«, spricht einer der drei Elf- oder Zwölfjährigen müde vor sich hin.

»Schläge ... Immer diese Schläge...«

Während die drei ein paar übriggebliebene Brotscheiben essen und den letzten Rest des dünnen Kaffees trinken, geben sie ihren Kleister nicht aus der Hand. Zwischendurch berauschen sie sich am Äther, ziehen ihn tief ein und lehnen sich beruhigt zurück.

Als Demetrius und ich kurz vor Mitternacht losgehen, liegen sie auf einer Matratze eng aneinandergekuschelt.

Angst in der Nacht

Von Gewalt handeln die Gespräche dieser Nacht. Militärpolizisten, immer zu zweit, begegnen uns an jeder Straßenecke. Aufmerksam schauen sie jeden an.

Vor den riesigen beleuchteten Fenstern einer Bank in der Innenstadt liegen etwa zehn Menschen auf Pappkartons und Plastikbeuteln. Ein alter Mann faßt ein junges Mädchen von hinten an den Rock.

»Hau bloß ab, du besoffenes Stück!« schreit sie ihn an.

Eine Frau, die ihre drei Kinder eng an sich hält, erzählt, daß zwei Polizisten eine schwangere Frau verprügelt hätten, weil sie gestohlen habe. Andere Mütter berichten vom Jugendamt, dem *Juizado do Menor*. Sie kontrollieren seit Nächten wieder häufiger mit ihren VW-Bussen die Straßen der Stadt. Und nicht nur die verlassenen Kinder und die Kleisterschnüffler greifen sie auf. Sie reißen sogar den bettelnden Frauen die Kinder aus den Armen, um sie in die staatlichen Heime der FEBEM zu stecken.

Im Hafenviertel Rio Branco, das auf einer Insel liegt, ist die Zone der Prostituierten. Frauen und Mädchen stehen vor den Eingängen der in den oberen Stockwerken liegenden Bars. Überall riecht es nach Pisse.

Demetrius erzählt von Graça, die mit zwölf Jahren hier anfing. »Wie fast alle hier«, sagt er traurig. »Sie war schön, sie war ein so hübsches Mädchen!«

Mit elf Jahren begann sie als Dienstmädchen in einem fremden Haushalt ihren Lebensunterhalt zu verdienen. Doch bald hatte sie genug von der schlechten Behandlung der Familie, der vielen Arbeit und den Zugriffen ihres Hausherrn. Sie verließ das Haus und ging auf die Straße. Denn wie sollte sie das ihren Eltern erklären, die sie ohnehin nicht verstanden. Es dauerte nicht lange, bis der *Juizado* Graça aufgabelte und sie der FEBEM übergab. Es folgte die Flucht vor den Schlägen der Wärter und die erneute Gefangennahme. Sie hatte kein Glück, keine Arbeit. Und um draußen zu überleben, blieb ihr nur die Chance, die das Viertel Rio Branco bot. Junge Mädchen sind hier gefragt, hörte sie, für den Verkauf von Liebesdiensten. Also verkaufte sie ihren Körper, weil ihr keine andere Möglichkeit blieb. Mit vierzehn bekam sie ihr erstes Kind, das bald in einer Anstalt verschwand, weil sie es nicht durchbringen konnte.

Heute, mit 19 Jahren, ist ihr Körper kaputt, ihre Kraft verbraucht und Mut, Wille und Halt eines Mädchens gebrochen. Ein Alter, wie sie ihn nennt, bezahlt ihr den Unterhalt für ihre Liebesdienste. Und Militärpolizisten zwingen sie mit in dunkle Ecken. Denn nur so hat sie vielleicht eine Chance, den ständigen Tritten und Schlägen zu entgehen. Und der ständigen Gefangennahme, wenn sie von Kleister und Tabletten berauscht vor ihnen auftaucht. Ihre Arme sind zerschnitten von den Selbstmordversuchen mit Rasierklingen.

Von nun an beginne ich, alles mit anderen Augen zu sehen.

Die Favela Vietnam

Am nächsten Tag fahre ich in die *Favela Vietnam*. Ich will mich mit Freunden von Demetrius dort treffen. Im Bus verteilt ein Junge ein paar schmutzige, kleine Zettel. Zunächst auf der einen Seite. Er wartet kurz und sammelt sie wieder ein. Dabei erhält er von einer Frau *hundert Cruzeiros,* zehn Pfennig. Dann auf der anderen Seite. Ich lese: »Wir sind zehn Kinder. Mein Vater ist tot. Meine Mutter ist krank. Haben Sie Mitleid!«

Der Junge hat Glück. Er braucht für die Fahrt nicht zu bezahlen. Der Busfahrer ist gutwillig. Anderen geht oft genug mit dem Fahrgeld der ganze Verdienst wieder verloren.

Die Abkürzung von der Haltestelle zur *Favela* ist einen halben Kilometer lang. Ein matschiger Weg führt durch Freiflächen mit riesigen Überlandmasten. Kinder lassen selbstgemachte kleine Drachen im Wind spielen.

Vietnam liegt etwa zehn Kilometer vom Stadtkern entfernt. Die *Favela* ist zu Zeiten des Vietnam-Krieges entstanden. Wichtige, bedeutende Ereignisse helfen oft kurzerhand mangels anderer Ideen bei der Namensgebung von Elendsvierteln.

Vietnam beherbergt fünftausend Menschen. Oder sechstausend? Das weiß keiner mehr so genau. Jeden Tag kommen mehr hinzu.

Auf lehmigem Boden stehen Hütten eng aneinandergepfercht. Kleine stinkende Bäche, in denen sich Fäkalien und Abfälle stauen, führen durch die engen Pfade.

Bei Regen verwandelt sich das flachgelegene Gebiet in eine einzige Pfütze, erfahre ich von Edson, der mir beim Gang durch morastige Wege die Situation beschreibt. Überschwemmungen bringen Ungeziefer und Krankheiten in die Häuser. Schlangen verstecken sich in den Ecken der Hütten. Wenn die Freunde von Demetrius mit ihrer Idee von einer kirchlichen Basisgemeinde keine Hilfe leisten würden, könnte hier kein Kind lesen. Es gäbe keine Schule und keinen Gemeinschaftsraum, in dem die Bewohner ihre Probleme erörtern. Krankheiten würden überhand nehmen, weil keine gesundheitliche Versorgung vorhanden wäre. Es gäbe keine Spielgruppe und keine Jugendgruppe, deren Vorsitzender der sechzehnjährige Edson ist.

Und trotzdem ist damit nur wenig geholfen. Edsons Mutter, Dona Mira, ist Vizepräsidentin des Bewohnerrates. Sie berichtet von den unzähligen Ersuchen und Anträgen an den Bürgermeister und den Gouverneur. Bitten zur Erlangung der Wohnrechte für die Menschen, die das Gebiet in ihrer Not unrechtmäßig besetzt hatten. Bitten zum Bau einer Schule, eines Kindergartens, einer Krankenstation, einer Wasserleitung. Zum Bau von Straßen und Abflüssen. Über hundert Leprakranke beherbergt die *Favela*. Aber ohne grundlegende Hilfe kann der Kampf gegen die Lepra nicht gewonnen werden. Sie bräuchten nur Geld, den Rest würden sie selbst erledigen.

Aber keine Antwort von den hohen Herren!

»Wie ist denn die Situation der Kinder?« frage ich.

»Die Mehrzahl geht zur CEASA«, sagt sie, »das ist der Gemüsegroßhandel zwei Kilometer entfernt, die einzige Hoffnung. Hier sind alle arbeitslos, viele kommen vom Land. Ja, und die Kinder gehen von klein auf zur CEASA, sammeln Gemüseabfälle oder helfen bei kleinen Arbeiten. Sie helfen den Familien. Und sie gehen, weil sie es müssen, denn der Hunger ist groß.«

»Wir töten den Hunger bei der CEASA, denn die Situation ist sehr schlimm«, sagt neben uns ein Mädchen.

»Es gibt Leute hier, die essen Ratten. Wirklich, die essen Ratten! Sie fangen sie im Gebüsch«, erzählt ein Junge.

»Ehrlich?« frage ich und sehe dabei ungläubig Dona Mira an.

»Ja, natürlich! Sie essen das!« herrscht er mich an.

»Und die Jungen«, fährt Dona Mira fort, »wenn sie zur CEASA gehen, fangen sie an zu stehlen. Sie lernen das Stehlen. Sie sehen eine Banane, eine Apfelsine, na klar, dann nehmen sie das. Ja, und die Mädchen, wenn die da hinkommen, dann haben die Männer schon ein Auge darauf. Sie bieten ihnen tolle Sachen an und verderben sie. Und wenn sie dreizehn oder vierzehn sind, dann sind sie bereits Mütter.«

»Was sind das für Männer?«

»Irgendwelche, die Bananen oder Apfelsinen schenken. Sie geben ihnen etwas und wollen, na ja, das andere dafür. Die Männer kommen an, packen ihnen ans Höschen, nicht wahr, all diese Sachen. Und die Mädchen machen mit, weil sie Hunger haben. So verlieren sie ihre Scham. Und mit dreizehn bieten sie sich bereits jedem Mann an. Und es gibt nicht nur ein paar, es gibt viele hier.«

»Sagen Sie, Dona Mira, kennen Sie da ein Beispiel?«

»Klar! Ein Mädchen, das war sehr in Ordnung, bevor die Mutter starb. Sie spielte hier viel mit den Kindern und mit uns zusammen. Nachdem die Mutter starb, hatte sie niemanden. Ihre Schwester ging als Dienstmädchen arbeiten. Der Vater war arbeitslos, aber kaum zu Hause. Mußte Arbeit suchen. Und dann kam sie bei der CEASA mit den anderen zusammen, rauchte Marihuana, schnüffelte Klebstoffe. Und so weiter. Heute ist sie dreizehn.«

»Und was macht sie? Wo bleibt sie?«

»Sie geht mit den anderen in einer Bande. Mal zur Vila da Prata, was weiß ich. Sie bedrohen und überfallen die Leute. Es gibt immer mehr Kleisterschnüffler in Vietnam, viele in den Banden. Einige leben noch zu Hause. Andere kommen und gehen. Und sie schnüffeln, weil sie Hunger haben. Denn das Schnüffeln vertreibt den Hunger.«

Hunger

Die *Favela Vietnam* ist kein Einzelfall, keine Ausnahme. Ich besuche sieben oder acht Elendsviertel in verschiedenen Stadtteilen. Immer das gleiche. Hinzu kommt, daß die Anzahl der in Armut lebenden Menschen ständig steigt. Es seien über drei Viertel der Einwohner der Stadt, so meint Dom Helder Camara, der kämpferische frühere Erzbischof von Recife und Olinda. Aus dem Innern des Landes flüchten die Menschen zuhauf in die *Favelas*.

Der Nordosten Brasiliens ist die ärmste Region Lateinamerikas und eines der ärmsten Gebiete der Welt. Und das, obwohl das riesige Land unendlich reich an Bodenschätzen ist, gewaltige Plantagen an Kaffee, Kakao, Apfelsinen, Zucker und Soja besitzt. Diese Nahrungsmittel und sogar Fleisch werden in großen Mengen exportiert. Das alles geschieht unter der Kontrolle internationaler Unternehmen und Banken. Ein ungerechter Welthandel sorgt dafür, daß ihnen bei diesen Geschäften mit Leichtigkeit ein großer Verdienst beschert ist.

Im zum großen Teil kargen und dürren Nordosten leben heute 37 Millionen Menschen. Zwei Drittel aller Kinder sind unterernährt. Jedes dritte Kind stirbt, bevor es ein Jahr alt wird. In einigen Gebieten fast jedes zweite. Jedes Jahr sterben mindestens 300 000 weitere Kinder des Hungers.

»Rattenfilets gegen den Eiweißmangel« schlägt ein Arzt vor. Und ein Gesundheitsinstitut »verrostete Schrauben gegen Eisenmangel«.

Die Regierung macht die trockenen Dürrejahre für die Armut verantwortlich. Seit ewigen Zeiten wird alles auf die immer wiederkehrenden Dürreperioden im Hinterland geschoben. Aber offensichtlich leben die großen Grundbesitzer in den trockenen Gebieten des *Sertão* auch in Zeiten der Dürre recht gut, während die Familien der Kleinbauern verarmen und hungern. Die Kirche verurteilt die Politik der Regierung und fordert eine grundlegende Landreform mit einer gerechteren Verteilung des Bodens. Die Menschen sollen zum Nahrungsanbau endlich das Land bekommen, das die Großgrundbesitzer, die *Fazendeiros,* für Viehzucht und riesige Plantagen gebrauchen. Doch die Regierenden entscheiden sich für die *Fazendeiros,* indem sie ihnen viele Stauseen bauen lassen zur Bewässerung ihres Landes und die Arbeiter dabei mit dreißig Mark im Monat entlohnen. Sie nennen es Notstandsprogramm.

Im Frühjahr 1984 platzt dem Bischof aus Fortaleza der Kragen: »Das ganze Volk ist vom Völkermord bedroht. Das Leben des nordostbrasilianischen Volkes wird zerstört. Wenn man mit voller Absicht tötet, dann ist das Völkermord. Ich kann nicht sagen, daß die Regierung töten will. Aber wenn sie wollte, könnte sie den Völkermord verhindern und würde den Leuten in den Arbeitsfronten keine *15 300 Cruzeiros* (nach damaligem Umrechnugskurs: etwa 30 Mark) bezahlen. Denn die Regierung weiß, daß das kein Hungerlohn ist. Es ist ein Todeslohn. Also ist der Tod eingeplant.«

Ein großer Teil der Bevölkerung in dieser Region lebt ohne eine ausreichende Ernährung. Und die Folgen sind augenfällig. Es entsteht ein Volk von »Zwergen und Krüppeln«, wie brasilianische Ernährungswissenschaftler behaupten. Die fehlende Ernährung stoppt das körperliche Wachstum und verursacht unwiderrufbare Körperleiden und Gehirnschäden bei den neugeborenen Kindern.

»Du mußt hart sein«

In Recife regnet es in Strömen. Die Brasilianer sagen, es regnet Taschenmesser vom Himmel. Eigenartige Vorstellung. Auf dem Markt verkriechen sich die Menschen unter Plastikplanen und in Hauseingängen. Durchnäßt, aber unermüdlich suchen einige Kinder unter und zwischen Tischen das Pflaster nach Eßbarem ab. Einige Tomaten und Kartoffeln schwimmen neben Unrat und Abfall in den ansteigenden Pfützen der Gosse. Der Regen spült Fäkalien und den Dreck der Straße zusammen. Schon schnappt sich ein Mädchen im Vorbeigehen das Gemüse und verstaut es behutsam in ihrem Säckchen.

Ein paar Jungen, die sich in der Garage unterstellen, flachsen untereinander, streiten sich. Ein Mädchen wartet geduldig, mit dem Rücken an eine Wand gelehnt. Adriana Christina ist elf Jahre. Sie kommt wie alle auf den Markt, um Gemüse zu sammeln und zu betteln. Mit ihrer Mutter, einem zweijährigen und einem fünf Monate alten Bruder wohnt sie in einer der Elendshütten entlang der breiten *Avenida,* auf der die Autos von Recife in die Nachbarstadt Olinda brausen. Ihr Vater hat die Familie im Stich gelassen.

Adriana Christina wirkt ruhig. Klug und gelassen fängt sie an zu reden. Sie kennt die Straße, die jeden Tag auf sie wartet. »Zuerst kam ich mit meiner Mutter, aber jetzt komme ich allein. Schon mehr als zwei Jahre. Aber das ist blöd. Es nützt gar nichts, hier alleine auf dem Markt zu betteln, denn dann kommen die Männer vom *Juizado* und nehmen einen mit. Die nehmen dich einfach mit. Ich habe auch schon Geld verdient, habe Koriander und andere Gewürzkräuter verkauft. Aber wenn du etwas für tausend *Cruzeiros* verkaufst, verdienst du ja nur zweihundert daran.«

»Was würdest du denn gerne machen?« frage ich sie.

»Ich würde gerne Gemüse verkaufen. Aber so bringt es nichts. Wenn du nur zweihundert verdienst, aber für tausend verkaufst. Dabei sind das heute schon sechs Bündel Gewürzkräuter für tausend *Cruzeiros.* Und dann wollen nicht mal mehr viele Leute Gewürze. Die werden schlecht, und dann will sie erst recht keiner mehr. Und sie für fünfhundert zu verkaufen, reicht auch nicht. Was willst du da machen?«

Fragend sieht sie mich an und zieht die Schultern hoch.

»Wenn man einen richtigen Stand im Marktgebäude hätte, das wäre besser. Da beschwert sich keiner so wie bei uns.«

Adriana Christina macht gehässig und wütend die Käufer nach: »Das ist zu wenig, zu klein! Ist ja schon schlecht!« gackert sie vor sich hin.

»Da ist es besser, man hat dort einen Stand. Dann kommen sie und kaufen, ohne zu meckern. Ja, und du verdienst für dich selbst. Für dich allein! Wenn man für andere arbeitet, bleibt nichts. Das, was du verdienst, gehört dir nicht. Du mußt dich zusammenreißen, hart sein, früh aufstehen. Das will ich aber nicht! Ich möchte aufstehen, wann ich will. Ich will das selbst bestimmen.«

»Sag mal, kennst du viele andere Kinder hier in der Stadt?«

»Ja klar! Ich kenne einen ganzen Haufen. Aber ich vertrage mich mit allen. Mit den Frauen, mit den Kleisterschnüfflern, mit allen. Nur das, was die machen, das mache ich nicht.«

»Hast du Angst?«

»Nein!« antwortet sie sicher.

»Und nachts?«

»Nein!« Einmal, da wollte mich ein Junge schlagen. Aber ein Kleisterschnüffler, China heißt der, der hat mich zur Bushaltestelle gebracht. Ich habe keine Angst. Angst muß man nur haben, wenn man ihnen was tut. Und wenn sie dann ankommen und betteln, dann gebe ich ihnen auch was zu essen. Ich will ja nicht, daß ich von einer Rasierklinge geschnitten werde. Da muß ich eben gut Freund mit ihnen sein.«

»Aber wenn die mich schneiden«, fügt sie hinzu, »das kannst du glauben, dann schneide ich auch!«

»Wer schneidet denn?«

»Na, die *Maloqueiros,* die Strolche, die Jungen und Mädchen, die schnüffeln. Weißt du, ich war auch schon eine Kleisterschnüfflerin, habe einiges geschnüffelt, bin von zu Hause getürmt. Jetzt aber bin ich das nicht mehr. Es ist wirklich besser, zu Hause zu sein, als hier zu schnüffeln. Auf der Straße, wenn es regnet, einer schlägt dir ins Gesicht, der andere auf die Füße ... Nein, das ist besser zu Hause, viel besser.«

»Du hast also schon auf der Straße geschlafen?«

»Klar, als ich so, na ... so acht Jahre alt war.«

»Alleine oder mit anderen?«

»Nur ich und Vera Lucia, eine Kollegin, und Lucinha. Wir sind von zu Hause abgehauen. Wir haben die Nächte mehr im Bus als auf der Straße verbracht. Aber es ist nicht gut, nachts auf der Straße zu sein. Und dann sind wir wieder nach Hause gekommen. Es hat einen Riesenkrach gegeben. Aber wir haben Gemüse mitgebracht. Und Geld. Und seitdem habe ich das auch nicht mehr getan.«

Immer wieder betont Adriana Christina, daß es schöner ist, zu Hause zu wohnen. Eine ihrer Freundinnen aus der Nachbarschaft

lebt auf der Straße, und sie bittet sie ständig, doch wieder heimzu-kehren. »Aber es hilft nicht. Auch wenn man sie zwingen würde, sie geht wieder auf die Straße zurück...«

Der Regen hat aufgehört. Sonnenstrahlen schieben sich durchs Wolkenband. Ein magerer Hund schleicht am Tor der Garage vorbei, und die Jungen erschrecken ihn. Er zieht Ohren und Schwanz ein, springt zur Seite und verschwindet in der Menge, die schon wieder im emsigen Markttreiben steckt.

Adriana Christina sieht mich an, als wollte sie fragen: »War das alles? Kann ich jetzt gehen?« Und ich antworte: »Klar, kannst du!« Unsicher sucht sie vor der Garage nach der Richtung, in die sie jetzt gehen soll, um weiter zu sammeln.

Noch bis spät in den Abend hinein wird sie suchen. Sie wird die Schlangen vor den Kinos und an den Bushaltestellen abgehen. Mit einem ausgestreckten Arm und einer offenen Hand. Und viele wer-den nicht einmal hinsehen. Aber sie wird weitermachen, weil ihre Mutter und die zwei kleinen Brüder sie brauchen.

Die Tarados

Seit ein paar Tagen erscheinen zwei neue Mädchen allabendlich beim Zubereiten der Suppe. Schon früh morgens erscheinen sie zum Duschen und verschwinden dann, um am späten Nachmittag wieder aufzutauchen.

Linda Maria ist dreizehn und ihre Schwester Josilda zehn Jahre alt. Drei Jahre schon gehen die beiden gemeinsam durch die Straßen der Stadt, um das Fehlende für die Familie zu erbetteln. Seit Wochen aber liegt die Mutter im Krankenhaus. Den Vater kennen sie kaum noch. Er hat die Familie vor langer Zeit verlassen und sich eine andere Frau genommen.

Anfangs hatte die Mutter noch arbeiten können und ausreichend verdient. Dann wurden die Verdienste immer kleiner. In drei Haus-halten machte sie die Wäsche, säuberte das Haus und wusch das Geschirr ab, aber nur *fünftausend Cruzeiros* im Monat, zehn Mark, das reichte weiß Gott nicht aus.

»Dann habe ich eine Zeit als *Empregada,* als Dienstmädchen, gearbeitet. In ein paar Familien. Aber da bekam ich keinen Groschen. Gar nichts. Eine Frau ist mal verreist, und da war es vorbei. Sie hat mich rausgeschmissen...«

Linda Maria teilt das Schicksal vieler Mädchen der armen Bevölkerung. Schule war ihr nicht einmal bis zum Ende der ersten Klasse vergönnt. Der Haushalt und die jüngeren Geschwister mußten versorgt werden, während die Mutter arbeitete. Später, als auch sie arbeiten ging, verließ ein Bruder das Zuhause, um auf der Straße zu leben.

Das Zuhause? Ihr Zuhause ist eine brüchige Hütte, wie sie sagt, und liegt zehn Kilometer entfernt auf einem Hügel vor der Stadt.

»Es ist aus Plastik«, sagt Linda Maria und grinst. Sie und ihre Schwester lachen verschämt und verdecken mit den Händen kurz ihr Gesicht. »Alles aus Plastiksäcken. Ohne Zement und Steine. Meine Mutter wollte etwas sparen, um Holz zu kaufen. Aber als sie das Geld gespart hatte, wurde es gestohlen. So war es!«

»Habt ihr früher schon mal auf der Straße geschlafen?« frage ich die beiden.

»Ja«, antwortet Linda Maria. »Vor einer Bar.«

»Und wie war das da?«

»Wir mußten eben mitten auf der Straße schlafen. Ohne etwas zum Zudecken. Nichts. Auf dem dreckigen Bürgersteig. Ich wollte das selbst nicht, wegen der *Tarados,* diesen verdorbenen Typen. Denn die sind wirklich schlimm.«

»*Tarados?* Was sind das für welche?«

»*Tarados* eben! Sie nehmen sich ein Kind, erwürgen es und lassen es so liegen. All das! Meine Mutter sagt mir immer: ›Linda, geh diesen Männern nicht über den Weg!‹«

»Und? Ist das schon einmal passiert?«

»Nie! Bloß nicht!«

»Hast du von anderen gehört?«

»Klar! In Três Carneiros, wo wir wohnen, hat sich ein Mann neulich ein Kind mit drei Jahren gepackt. Es ist gestorben. So ist das auch auf der Straße. Die Typen nehmen sich die Mädchen, würgen sie, und dann stecken sie den Kindern was in die Scheide. Ich habe Angst vor den *Tarados* – und vor Dieben auch.«

Angefangen hatte es damit, daß sie mit ihren Geschwistern tagsüber betteln ging. Nachts legten sie sich eng aneinander. Eines Tages wurden sie vom *Juizado* aufgegriffen und in eine Anstalt gefahren. Linda wehrte sich, versicherte, keine Kleisterschnüfflerin zu sein. Doch das half nichts. Seitdem hat sie einen Bruder nicht mehr wiedergesehen.

»Er lebt wohl auf der Straße. Aber ich weiß nicht, wo er wohnt. Dreizehn Jahre muß er jetzt sein.«

»Wie war es für dich beim *Juizado?*«

»Mal gab es gutes Essen, mal war es schlecht. Die Bohnen waren oft hart. Tja, so war das. Und die Sachen waren immer schmutzig, wurden nie richtig gewaschen. In den Höschen der Mädchen war immer noch Blut drin. Auf den Toiletten gab es keine Eimer für uns. Es stank furchtbar und war dreckig.«

Man prügelte sie. Alle wurden geschlagen, wenn sie nur den Mund aufmachten und sich beschwerten.

»Der Schlimmste ist Senhor Ferreira«, beteuert Linda. »Er ist einer der Aufpasser. Senhor Ferreira schlägt am meisten. Er ist eine Bestie!«

Sie ist geflohen. Zurück auf die Straße.

Die Kleisterschnüffler der Lagerhalle 18

Die Kais der heiligen Rita

Ich möchte die Schlafplätze der Kleisterschnüffler aufsuchen, aber ich traue mich nicht. Bené, ein Student, der in seinen freien Stunden bei der Arbeit in der Garage hilft, geht eines Abends mit mir los. Unser Ziel ist eine Hafenlagerhalle, die gleich hinter dem Busbahnhof liegt.

Emsiges Treiben auf dem Weg dorthin. Händler räumen ihre Stände. Frauen und Kinder suchen im Abfall, sortieren Müllreste. Kolonnen der Stadtreinigung beginnen ihre Arbeit. Und in den Straßen und Gassen patrouillieren Militärpolizisten, jeweils zu zweit. Aus dem Marktviertel herauskommend, überqueren wir mit Mühe eine Hauptverkehrsstraße. Unter lautem Gehupe brausen die Autos vorbei. Auch wenn der Verkehr stockt und sich kurz eine Schlange bildet, lassen sie keinen durch. Wer sich als Fußgänger auf die Fahrbahn traut, muß bös aufpassen, daß er nicht unter die Räder gerät. Gleich dahinter steuern fast leere Busse an Bordsteine heran und volle rollen davon. *Cais de Santa Rita,* die Kais der heiligen Rita, nennt man das Viertel, in dem sich die Lagerhallen befinden.

Eine Halle mit einer großen 18 an der rechten Seite und einer Überdachung erstreckt sich längs des Busbahnhofes. Zwischen Halle und Haltestellen eine Reihe Bäume. Vor dem Gebäude sind etwa acht Meter für die tagsüber ein- und ausfahrenden Lastwagen Platz gelassen.

Stark, fast stechend, riecht es nach Urin. Überall. An der Wand entlang hocken Frauen mit ihren Kindern auf Strohmatten oder Pappe. Plastiksäcke, Taschen und ein paar Tuchfetzen bei sich. Ältere Jungen sitzen beieinander. Kinder tollen herum. Alle barfuß und in schmutzigen, zerrissenen und zerfetzten Klamotten.

Einige Kinder halten Dosen in der Hand, die sie verstecken, als sie uns sehen. Zwei Jungen wollen davonwetzen, halten jedoch ein, als die anderen mit freundlichen Grüßen auf Bené zugehen. Alle reden durcheinander. Jeder will etwas erzählen.

Wir setzen uns in einem Kreis an die Wand, und sogleich macht sich der ätzende, klebrige Geruch der Schnüffelstoffe breit. Noch halten sie die Dosen mit ihrem Kleister versteckt.

Die Jungen sind unsicher, aufgeregt. Patrouillierende Fahrzeuge des *Juizado* und der Militärpolizei sind von einigen ausgemacht worden. Als sie uns ankommen sahen, hatten sie einen Moment gezweifelt.

»Was macht denn die Polizei mit euch?« frage ich in die Runde.

»Na, die nehmen uns mit«, antwortet ein Junge mit heiserer Stimme. Sandro, er ist zwölf Jahre.

»Haben sie dich geschlagen?«

»Klar! Die haben mir den Kleister auf den Kopf getan.«

»Ja, so war es!« betont eine Frau, die sich hinter die Kinder hockt. »Letzte Woche kam er hier an, und sein Kopf war voll mit Kleister.«

»Die Polizei läßt uns entweder laufen, oder wir kommen zum *Juizado* und zur FEBEM«, berichtet ein Junge, dessen Name Everaldo ist.

»Wie ist es da?«

»Wie es da ist?« fragt er mit großen Augen zurück. »Schlimm! Das ist sehr schlimm!«

»Erzähl mal! Wie sind denn die Schlafplätze?«

»Die Schlafplätze sind alte Matratzen voll mit Pisse«, sagt Sandro und zieht an einem Zigarettenstummel, der von einem zum anderen kreist.

»Und Decken gibt es auch nicht«, fügt Everaldo hinzu. »Zum Zudecken hast du die Kälte!«

»Hat denn jeder seine Matratze?«

»Ha!« erwidert er entgeistert. »Nein! Zwanzig Matratzen vielleicht, für eine Masse Leute.«

»Und wie verläuft der Tag dort?«

»Morgens rufen sie dich ... Ach was, sie treten dich eher...«

»Einen Schlag in den Rücken bekommst du«, unterbricht ihn Sandro.

»Und unter der Dusche wirst du auch noch getreten. Von allen Seiten. Die Größeren verprügeln uns ständig. So läuft das.«

»Und das Frühstück?«

»Das ist ein klitzekleines Brot«, antwortet Sandro, »mit ein bißchen Butter. Das reicht nie, und dann nehmen die Großen es dir noch ab.«

»Brot und Kaffee«, sagt Everaldo. »Es ist schlimm. Du beziehst nur Schläge, und das Essen ist schlecht. Sie schicken dich irgendwo hin, und wenn du das nicht machst, geben sie es dir. Auch wenn du redest. Und wenn du schlafen sollst, mußt du das mit dem Kopf nach unten tun. Wer ihn hebt, kriegt eins drüber.«

»Wer macht das?« will ich wissen.

»Die *Manitôs*. Einige sind ganz gut, aber die meisten schlagen wie verrückt.«

Für die Kinder sind die Aufseher *Manitôs*. Das kommt vom Wort Manitu der nordamerikanischen Indianer, die so nicht menschliche Zauberkräfte benannten.

»Sandro, wie oft warst du im *Juizado?*«

»Ich glaube, siebenmal. Mal einen Monat, mal zehn Tage, solange ich wollte.«

»Wie kommt man denn da heraus?«

»Manchmal werden welche von der Familie geholt.«

»Und ihr?«

»Wir türmen!«

»Wie macht ihr das?«

»Über die Mauer und ab!« sagt Sandro kurz.

Am Bordstein gegenüber machen sich zwei dicke Ratten an einigem Unrat zu schaffen. Ich beobachte sie, während ich weiterrede. Keiner der Jungen stört sich an den Ratten. Ratten sind ihre nächtlichen Gefährten. Sie schnuppern und stöbern an ihnen und ihren Sachen herum.

Sandro ist seit mehr als einem Jahr auf der Straße und erzählt, wie es dazu kam.

»Mein Vater trinkt und meine Mutter auch. Haben keine richtige Arbeit und sitzen oft zu Hause herum. Beide sind immer betrunken. Eigentlich ist sie meine Stiefmutter. Ja, und wenn der Alte schlafen geht, dann schlägt sie uns. Also ist doch klar, daß wir abhauen! Dann bin ich zu meiner richtigen Mutter. Und als ich da hinkomme, hat die einen anderen. Der schlägt genauso, weil er uns nicht dahaben will. Da bin ich auf die Straße gegangen und hier geblieben. Und wenn du auf die Straße kommst, landest du leicht in der FEBEM. Die Jungen da haben mir beigebracht, wie man schnüffelt. Ja, so kommst du auf die Straße und schnüffelst!«

»Wie heißt du?« frage ich einen anderen Jungen, dessen Lider fast die Augen verdecken, obwohl er nicht schläft.

»U-b-i-r-a-t-ã-o«, sagt er lahm und breitgezogen. Ubiratão, ein Vogelname in der Tupi-Indianer-Sprache.

»Wie alt bist du?«

»Sechzehn.«

»Quatsch«, fährt Sandro dazwischen. »Der ist vierzehn.«

»Nein, nein, ich bin dreizehn.«

»Und wie lange bist du auf der Straße?«

»Seit ich sieben bin.«

»Warum bist du hier?« frage ich weiter.

»Weil ich abgehauen bin. Ich wollte abhauen!«

»Aber warum?«

»Weil ich wollte«, sagt er beschwerlich und mit Nachdruck. »Weil meine Mutter, mein Vater . . . Mein Vater ist schlecht. Sie haben mich geschlagen. Ich gehe nicht zurück, weil ich nicht will. Nein, nein, das werde ich nicht machen!«

»Und deine Eltern, Everaldo?«

»Mein Vater wollte mich nicht mehr haben«, antwortet der Vierzehnjährige resigniert und läßt den Kopf hängen. »Wegen der Stiefmutter. Die ist bescheuert.«

»Und deine Mutter?«

»Meine Mutter lebt mit einem anderen Vater. Und mein Vater mit einer anderen Mutter.«

»Bist du allein auf der Straße?«

»Nein, ich habe noch einen Bruder hier!«

»Und besuchst du deine Eltern?«

»Nein!«

Ich wende mich Ubiratão zu: »Wie ist das mit dir? Gehst du oft nach Hause zurück?«

»Nein, ich gehe, wann ich will.«

»Hast du Geschwister?«

»Ja, sieben Mädchen und vier Jungen.«

»Und sag mal, warum ist es denn auf der Straße besser als zu Hause?«

»Weil es hier Unterhaltung gibt. Zu Hause gibt's nichts. Nicht einmal den Kleister zum Schnüffeln gibt es. Dann muß ich eben auf die Straße gehen.«

»Warum schnüffelst du eigentlich?«

»Weil ich es mag!«

»Wieso?« frage ich, weil mir die Antwort nicht reicht.

»Na, da ist man total verrückt!«

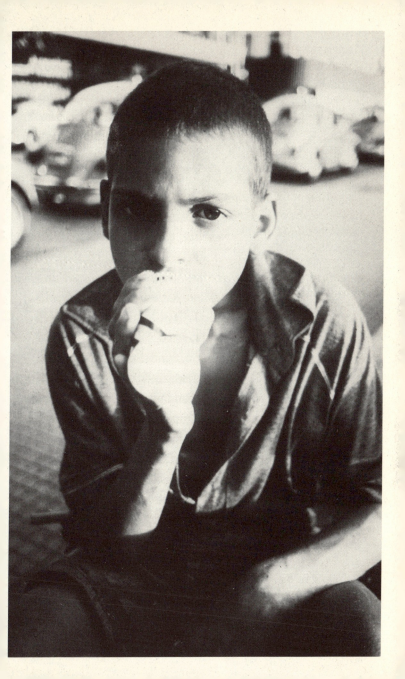

Plötzlich bricht hinter der Runde ein Junge in ein jämmerliches Heulen aus. Er geht, ein paar Meter von uns entfernt, an die Hallenwand, rutscht mit dem Rücken daran hinunter und hält sich die Hände vor die Augen. Einer der größeren, wahrscheinlich Everaldo, hat ihm seine Dose weggenommen. Er hält sie versteckt, gibt sie nicht zurück. Der Junge an der Wand, Dóda, zeigt keine Regung außer Weinen. Er schreit nicht, kämpft nicht, tritt und schlägt nicht. Er macht keine verachtende Geste. Er weint. Er will Mitleid erregen. Wären wir nicht anwesend, würde Everaldo ihm die Dose wahrscheinlich nicht so schnell zurückgeben. Doch jetzt schaut er uns von der Seite an und besinnt sich. Dóda zieht sich mit seinem Kleister zurück an einen stillen Platz.

Die Frau, die bis jetzt geduldig hinter der Runde gehockt und zugehört hat, zeigt auf ihre zwei Söhne, die zwar mitten unter den Kleisterschnüfflern sitzen, aber dennoch nicht dazu gehören. Das betont sie.

»Kennen Sie denn die anderen, *Senhora*?« frage ich sie.

»Ich kenne sie alle hier.«

»Und haben Sie Angst vor ihnen?«

»Wissen Sie, Angst, nein«, beginnt sie zu erklären. »Vor denen hier habe ich keine Angst...«

»Das ist meine Tante«, sagt Sandro, beugt sich zu ihr herüber und legt seinen Kopf an ihre Schulter. Alle grinsen. Einige lachen. Zustimmung von allen Seiten: »Ja, unsere Tante!«

»Nun, alle betrachten mich als Tante. Alle hier, die schnüffeln, verstehen mich und nennen mich ihre Tante. Wenn ich eine Pfanne auf dem Feuer habe, essen sie alle mit. Wenn ich dort am Wasser einen Fisch fange, kommen sie an: ›He, Tante gib mir was!‹ Und sie kriegen was. Wenn ich rauche, bitten sie mich um einen Zug. Und was sie haben, geben sie auch mir. Wenn ich kein Geld für den Bus habe, um nach Hause zu fahren, geben sie welches. Sie helfen. Wirklich! Was sie haben, geben sie auch meinen Kindern. Da kann ich nichts Schlechtes sagen. Nur will ich nicht, daß meine Kinder sich mit ihnen zusammentun. Ich passe da immer auf und ziehe sie da raus. Weil sie noch sehr klein sind. Knirpse eben, zu klein, um so zu leben. Dann kommen sie in die FEBEM... Und dann kann ich nicht ständig hinter ihnen her sein.«

Die Frau macht eine kurze Atempause. Keiner der Kleisterschnüffler unterbricht sie.

»Heute habe ich große Angst, daß ich morgen schon die Augen schließen könnte. Denn wir warten ja nur auf den Tod. Ist es nicht so?! Dann würden sie allein sein. Mir ist klar, daß die Mädchen nur für das reichen, was nichts taugt. Und die Jungen? Na, was machen die wohl? Sie sind dann ohne die Erziehung der Mutter. Ohne Vater, denn der ist fast gelähmt. Es gibt ja nur mich, um zu kämpfen, um sich hier einen Fisch zu fangen, um dort auf dem Markt etwas zu verkaufen, wenn es was gibt. Und wenn nicht, dann müssen die Kinder eben Gemüse sammeln! Und was werden sie machen, wenn ich die Augen schließe? Ich habe die zwei hier und den ältesten mit vierzehn zu Hause. Was werden sie tun? Na, hierbleiben, weil ich sie mitgenommen habe. Sie sind daran gewöhnt, hier zu sein, und werden genauso enden wie die anderen hier. Schnüffeln, stehlen . . . Was sollen sie auch tun?«

»Wie ist das mit dem Stehlen?« will ich von den anderen erfahren.

»Ich stehle«, antwortet Sandro. »Wenn ich Hunger habe, dann schnüffle ich und stehle.«

»Bettelst du auch?«

»Nein! Ich stehle!« Er sagt das entschlossen, als gäbe es für ihn keine andere Möglichkeit.

»Wenn du bettelst, haben die Leute Mitleid mit dir. Du mußt dich schämen.«

»Erzähl mal, wie du stiehlst!«

»Na, das Geld nehmen. Du mußt . . . Weißt du, ich und zwei andere, wir gehen los.«

»Wie war es heute? Hast du heute gestohlen?«

»Einen Haufen Geld! 20 000 waren es heute!« Umgerechnet etwa zwanzig Mark.

»Wie hast du denn das gemacht?« frage ich erstaunt.

»Eine Frau hat ihr Geld aus der Tasche gezogen und zack, da habe es mitgenommen.«

»Was machst du denn, wenn sie hinter dir her sind?«

»Dann springe ich auf 'ne Stoßstange vom Bus.«

»Ich habe heute auch gestohlen«, mischt sich Andre ein. Um 4 700 *Cruzeiros* hat er einen Mann auf der Guararapes erleichtert. Der hatte sogleich mit einem anderen die Verfolgungsjagd aufgenommen. »Aber die haben mich nicht gekriegt«, betont der Junge stolz.

»Wie ist denn das, erwischen sie euch oft?«

»Wenn wir klauen, klar...«

»Beim Schnüffeln packen sie dich...«

»Als ich mal am Schnüffeln war, na ja, ich wollte mich an einen Bus klemmen, da kommt von hinten so ein Typ, schnappt mich und bringt mich zum *Juizado*.«

Ein Mädchen mit engem Höschen kommt dazu. Ihr kleines Hemdchen reicht nicht einmal bis zum Bauchnabel. Sie hält ihre Dose an den Mund und schaut uns ein wenig verträumt an.

»Und du, Sandra, hast du heute gestohlen?« klatscht ihr einer der Jungen auf den Po.

»Laß das sein, du Hurensohn«, herrscht sie ihn an. »Klar habe ich das.«

Sie will sich abwenden, aber ein anderer ruft sie zurück. »Komm her, Sandra, erzähl doch mal!«

»Zweitausend! Erst tausend, aber da hat mich der Typ erwischt und laufen lassen. Und dann auf der Dantas Barreto.«

»Für wen ist denn das Geld?« frage ich die Kinder.

»Mein Geld?« fragt Sandra zurück.

»Ja, was macht ihr damit?«

»Kleister kaufen!«

»Und was zu essen«, kommt von allen Seiten.

»Für alle oder nur für einen?«

»Für alle! Ich nehme mir was, und den Rest teile ich auf«, erklärt Sandro. »Wenn ich weiter weg bin, dann verfresse ich das mit denen, die bei mir sind. Und wenn ich hier bin, gebe ich den Frauen was. Einmal habe ich 35000 von einem Mann geklaut. Da habe ich was zum Anziehen gekauft. Für Indio, noch wen und für mich. Und Essen für alle.« Er wendet sich an die anderen: »War es nicht so?«

»Klar«, bestätigt einer der Jungen. »Kleidung hat er gekauft, was an die Füße, Essen...«

»...und Kleister.«

»Arbeiten ist weit besser«

Oriberto hat sich abgesetzt. Er geht nicht mehr an die Kais. Er schläft auf dem Markt, weil er dort eine Arbeit gefunden hat. Nur unregelmäßig erscheint der Zwölfjährige in der Garage, um sich zu waschen, bei Verletzungen verbinden zu lassen oder eine warme Suppe zu schlürfen. Dann reden wir miteinander.

»Ich habe sechs Jahre zu Hause verbracht, und es sind jetzt fast sieben Jahre her, daß ich auf den Straßen herumziehe!« sagt Oriberto, der dennoch hin und wieder seine Familie besucht.

»Nur, mein Vater trinkt *Cachaça**und ist halb verrückt. Er ist halt krank in der Birne. Ich weiß nicht, sie haben nicht mehr die Möglichkeiten, mich aufzuziehen. Weil sie nicht soviel Geld haben. Und immer, wenn ich mal komme, will er mich schlagen.«

Oribertos Familie ist groß. Er hat acht Geschwister.

»Drei sind gestorben«, erzählt er. »Es sollten eigentlich elf sein! Meine Schwester ist siebzehn, die arbeitet in einem Geschäft. Mein Bruder ist fünfzehn, und dann gibt es noch eine, die ist dreizehn. Sie verkaufen Eis. Die anderen sind alle kleiner.«

»Aber warum bist du auf der Straße?« frage ich ihn.

»Ich bin abgehauen und auf der Straße geblieben. Erst hat mich ein Mann mit zu sich nach Hause genommen. Und da bin ich drei Monate geblieben, bis meine Mutter mich von dort geholt hat. Dann war ich erst zu Hause, aber ich bin wieder abgehauen. Ich bin mit Gui und Papo zusammengekommen und mit ihnen zusammengeblieben. Mit Gui, Papo, Bidene, Flavio, Doidinho, Tocinho...«

»Waren sie älter als du?«

»Ja!«

»Gab es auch Mädchen?«

»Ja, Sandra! Nur sie.«

»Und einen, der euch anführte?«

»Ja, das war Doidinho, der Verrückte! Er war der Älteste.«

»Warum war er der Anführer?«

»Wenn nicht, dann hätte er dich mit der Klinge geschnitten oder nackt gelassen.«

»War er schlau?«

---

* Zuckerrohrschnaps

»Schlau? Nein! Er war verrückt, halb verrückt, hat dich geschlagen. Er geht auch nicht mehr mit mir. Heute ist er mit den Großen zusammen.«

»Und du? Bist du noch in der Bande?«

»Nein, ich gehe alleine. Ich und Gott!«

»Was machst du jetzt?«

»Ich verkaufe Bonbons für einen Mann. Da verdiene ich so 8 000 in der Woche.« Das sind gut acht Mark.

»Erzähl mal, wie das läuft!«

»Er schickt uns los, um zwei Säcke Bonbons zu kaufen, die billigsten. Er hat sechzehn Jungen. Und er schickt uns an die Haltestellen. Da verkaufen wir sie. Auch in den Bussen.«

»Wann fängst du an?«

»Um sieben. Bis Mittag. Dann gehe ich was essen. Und danach geht's weiter!«

»Und dann?«

»Dann bleibe ich auf dem Markt. Ich schlafe hier auf dem Markt.«

»Hast du was zum Zudecken?«

»Ja, einen großen alten Kleidungskarton!«

»Und Kleidung?«

»Nein, habe ich nicht! Nur diese hier, die ich anhabe!«

Oriberto weist auf seine kurze Hose und sein Hemd.

»Und Schuhe oder Schlappen?«

»Nein!«

»Was machst du denn, wenn du keine Arbeit hast?«

»Dann mache ich *Corre-Corre,* das Lauf-Lauf. Ich schnappe mir das Geld aus den Händen der Leute.«

»Was ist deiner Meinung besser: Geld zu verdienen oder zu stehlen?«

»Zu arbeiten, zu verkaufen!« meint Oriberto entschlossen, ohne auch nur ein bißchen zu überlegen.

»Und was bringt mehr?«

»Arbeiten und ehrlich verdienen ist weit besser!«

Ich bin im Zweifel. Vielleicht sagt er es nur, weil er mich als *Padre* kennt ...

»Aber ich wollte wissen, was mehr bringt?« hake ich nach.

»Klar, stehlen!« erwidert er. »Aber weißt du, das bringt keinen Verdienst! Du hast nichts! Du hast keinen Verdienst! Wenn wir in ein

Geschäft gehen und uns was kaufen, sitzen uns die Polizisten im Nacken und nehmen uns das Geld.«

»Beklau einen Reichen!«

»Beklau einen Reichen, der Geld hat! Einen, der gerade aus der Bank kommt! Aber mach das nicht mit einem Armen, einem Alten und solchen Leuten. Nein, mach das nicht! Ein Alter, ein Krüppel, nein! Ich sage dir was: Wer das macht, der geht selbst dabei drauf! Ich nehme das Geld nicht den Kleinen ab. Den Eisverkäufer bestehle ich nicht. Das hab ich auch Flavio gesagt, daß er das sein lassen soll. Ich werde das nie tun! Ich mache es, wenn... Sieh mal, gestern zum Beispiel war einer in der Stadt, der kam an mir vorbei und wollte mir mein Geld nehmen. Einer der Großen, die klauen. Da bin ich gerannt...«

Marco ist ruhig. Nicht so aufgeregt und nervös um sich blickend wie viele der Straßenkinder. Gelassen sitzt er neben mir und erzählt, wie es dazu kam, daß er auf der Straße gelandet ist.

»Also, ich bin dreizehn Jahre alt. Und ich wohne auf dem *Morro Três Carneiros,* Straße sechs. Eine Nummer hat das Haus nicht...«

Der *Morro Três Carneiros,* der Hügel der drei Hammel, liegt am Stadtrand von Recife. Und wie auf vielen Hügeln außerhalb des Zentrums befindet sich auch hier eine Armensiedlung. Auf der Flucht vor den schlechten Bedingungen auf dem Land und der Suche nach einer neuen, besseren Arbeit lassen sich viele Landarbeiter und Bauernfamilien auf den *Morros* vor der Stadt nieder. In den Armenvierteln weiter im Innern von Recife ist es schwer, einen Platz zu finden für eine kleine Hütte. Und oft kosten selbst dort die Plätze vielzuviel für eine Familie, die mit wenig Geld vom Land kommt. Doch wenn es auch einfacher ist, sich weiter außerhalb niederzulassen, so ist das Leben dort nicht leichter. Arbeit gibt es kaum. Und um überleben zu können, müssen die Menschen oft weit fahren, wenn sie das Nötige verdienen wollen. Aber die Busfahrten sind teuer und lohnen in manchen Fällen nicht die Mühe.

Daß diese Probleme Ärger und Steitereien mit sich bringen, weiß Marco allzugut. Damit hatte es ja angefangen. Weil der Vater sich des wenigen Geldes, das er verdiente, schämte, fing er an, immer mehr zu trinken. Dann machte er Radau und stellte das Haus auf den Kopf.

»Weißt du, nach Hause gehe ich meistens nur, wenn Feste sind. Weihnachten, Karneval oder *São-João*.* Ich bring was mit und bleib das Fest über da. Aber wenn es aus ist, dann dampf ich wieder ab. Zu Hause habe ich nur zwei Geschwister. Es gibt also mich, meinen Bruder, meine Schwester und meine Mutter. Mein Vater lebt getrennt von meiner Mutter. Seit er eines Tages ... Er hatte einige *Cachaça* getrunken. Und dann kam er wieder. Meine Mutter kochte gerade was in der Pfanne, als er nach Hause kam. Und ich weiß nicht, was er dann mit ihr machen wollte. Jedenfalls nahm er die Pfanne und hat sie ihr auf den Kopf geschlagen. Dann ist er gegangen, und er hat meine Mutter allein gelassen. Er ist nach São Paulo gefahren. Er hat uns alle allein gelassen, mich, meine Mutter und meine zwei Geschwister.«

»Was machen deine Geschwister?«

»Nichts, sie sind noch klein. Ich weiß nicht, wie alt sie sind. Der älteste bin ich.«

»Und deine Mutter?«

»Sie arbeitet als Wäscherin. Und sie arbeitet als *Empregada,* als Dienstmädchen.«

»Und wie bist du nun auf der Straße gelandet?«

»Also, es war so: Zuallererst hatte ich noch bei der CEASA auf dem Großmarkt Körbe getragen. Da gab's einen Haufen Jungen. Und die haben mich einmal mit zum Strand genommen. Dort hab ich sie verloren. *Pronto,* fertig! Ich hab geweint. Polizisten haben mich dann mit auf die Wache genommen. Ich war noch klein. Die haben mich dann zum *Juizado* gebracht. Und beim *Juizado* habe ich all das gelernt, was nichts taugt. Ich war damals sieben Jahre. Die Jungen dort haben mir das Stehlen beigebracht. Ich war ja klein und wußte von nichts. Dann kam ich in eine andere Anstalt. Und da haben sie mir gesagt, ich soll mitkommen, abhauen. Und als ich auf der Straße war, habe ich all das andere gelernt, was nichts taugt. Ich sollte schnüffeln, stehlen, all das.«

---

* Johannes-des-Täufers-Fest, das mit Johannesfeuern in den Straßen, Knallkörpern und Tänzen gefeiert wird

»Und wo hast du geschlafen?«

»Ach, ich habe schon an der Lagerhalle geschlafen, im Bairro Coelhos habe ich geschlafen. Ich habe schon überall in der Stadt geschlafen. Übrigens, in Coelhos haben sie gestern einen Mann getötet. Und deswegen bin ich von da weggegangen. Ich hab keine Lust, die Leute sterben zu sehen. Ich habe gesagt: ›Junge, ich geh lieber! Ich gehe lieber da zu den anderen!‹ Und dabei hat der Mann nur getrunken. An einer kleinen Baracke. Ein anderer kam und sagte: ›Los, gib mir ein Glas Bier!‹ Und der hat's ihm nicht gegeben. Da nahm der, der angekommen ist, ein Messer und hat es ihm hier reingesetzt.«

Marco zeigt dorthin, wo Leber und Galle sitzen. Er drückt mit der Spitze der Handkante in seinen Bauch.

»Mensch, solche Sachen kann ich nicht sehen. Ich bin da weggegangen.«

»Mit wem bist du auf der Straße zusammen?« frage ich.

»Mit Bidene, Flavio, Severino, Júcelio, Dinho...«

»Wie macht ihr das beim Stehlen?«

»Paß auf! Wir gehen an eine Apotheke oder an eine Bushaltestelle. Weißt du, wir sind hungrig! Und du gehst also und bettelst. Aber sie geben dir nichts! *Pronto*. Dann machst du es eben. Da kommt eine Frau mit Geld in der Hand, und du bestiehlst sie. Und dann machst du 'nen Abgang! Heute zum Beispiel mußte ich mich in der Stadt ein paarmal verziehen. Denn du kannst nicht mehr einfach so durch die Stadt gehen. Weißt du, ohne aufzupassen. Auf keinen Fall! Wir kommen zum Beispiel an einer Stelle an, zack, kommen zwei Polizisten. Einer von da und einer von dieser Seite. Sie packen dich und bringen dich zum *Juizado*. Und so geht das immer weiter: Du kommst und gehst, kommst und gehst! Kommst zum *Juizado* und flüchtest! Kommst und flüchtest!«

Marco nickt nachdrücklich und macht einen tiefen Zug an seiner Zigarette.

»Und wenn ich groß bin, Mann, dann wird die Polizei mich umbringen. Weißt du, dann bist du in der Kiste! Aber ich bin noch dreizehn, und wenn ich fünfzehn bin, dann muß ich mit dem Kram aufhören. Denn du mußt aufhören! Weil, am Ende, wenn du größer bist, dann ist es nicht mehr das *Juizado*, nein! Dann kommst du in den Bau! Bei Wasser, ein bißchen Mehl, fertig. Das hab ich gehört. Und sie schlagen die Leute...«

Eingesperrt im Juizado

Ich gehe weiter an die Kais. Von den Kleisterschnüfflern, die ich kenne, treffe ich nur Sandra an, die mit anderen Mädchen zusammensitzt. Abermals ist ihr Kopf total voll vom Schnüffeln des Äthers. Die Antworten der Zehnjährigen sind lallend. Sie macht sich über mich lustig.

»Gehst du eigentlich öfter nach Hause zurück?«

»Ja, ich gehe, mein Onkelchen!«

Sie schaut mich an, verdreht Augen und Kopf und bricht in ein schallendes Gelächter aus. Mir ist klar, daß sie nicht nach Hause geht, und ich frage sie, warum.

»Weil ich nicht will!« sagt sie plötzlich unerwartet forsch.

»Und was magst du an Zuhause nicht!«

Sie schlägt den Kopf genervt zur Seite, als wollte sie sagen: Mensch, hör doch auf!

»Da gibt's viele Sachen, die mich stören!«

Sandra weiß nicht, wie lange sie schon auf der Straße ist. Das blond gelockte Mädchen weiß nur, daß es ständig zwischen *Juizado* und Straße hin und her geht. Zweiundzwanzigmal geschnappt, zweiundzwanzigmal geflüchtet. Das hat sie gezählt. Das ist allen wichtig.

»Wo bleibst du?«

»Na hier. Nur hier!«

»Und mit wem schläfst du hier?«

»Mit niemand. Nur ich und Gott!«

»Aber mit irgend jemandem bist du doch zusammen, oder?«

»Ich gehe mit allen, gleich wer!« entgegnet sie schnoddrig.

Die meiste Zeit ist sie mit Simone und Christina zusammen. Christina, zwölf Jahre, Mulattin, tritt schneidig auf. Vom ersten Moment, in dem ich sie kennenlerne. Kein Streit ist ihr zu lästig, um ihn nicht auszufechten. Sie fürchtet sich nicht. Mögen die anderen Mädchen sich vielleicht vor den Jungen zurückhalten oder Angst vor Bestrafungen haben, Christina hat es nicht. Sie stellt sich vor den Gegner und zeigt ihm die Faust. Sie verteidigt ihre Sache.

»Wie lange bist du schon auf der Straße?« frage ich sie.

»Mensch, zwölf Jahre ... Ich bin auf der Straße geboren!«

»Da auf der Brücke ist sie geboren«, feixt Sandra.

»Quatsch!« schnauzt Christina sie an. »Ich bin hier an der Halle geboren.«

Christina ist ein Kind der Straße. Auf dem Pflaster geboren, durch die Straße gewachsen!

Von klein auf schleppte sich ihre Mutter mit ihr durch die Viertel der Stadt. Von Haus zu Haus. Von Schlafplatz zu Schlafplatz. Und: von Kind zu Kind.

»Das erste Mal, als ich zum *Juizado* kam, das war dort drüben im Hafenviertel. Ich war sieben, wollte Milch für meine kleine Schwester holen. Meine Mutter hatte mich geschickt. Da hat mich ein Soldat festgehalten: ›Wo willst du hin?‹ Ich sagte, daß ich Milch hole. Sagte er, daß ich das nicht tun werde. Nicht hier in der Zone! Weißt du, die Zone der Prostituierten. Es war schon Mitternacht. Der hat mich genommen, und ich hab geschrien. Meine Mutter kam mit meiner Schwester. Er hat uns zum *Juizado* gebracht. Und da hat meine Mutter den Polizisten angefleht. Sie hat geschrien: ›Ich will meine Tochter!‹ Der hat gesagt: ›Wissen Sie, wo Sie hinkommen? Entweder in den Bau oder in die Irrenanstalt! Die Große bleibt jedenfalls hier!‹ – Das war das erste Mal. Das ging ja noch. Das zweite Mal war schlimm und das dritte noch schlimmer. Ich bin geflohen, zunächst mit den Mädchen, dann mit Sandra ...«

Wenn die Flucht schiefgeht, setzt es deftige Strafen. Einmal hatten sie schon auf der Mauer vom *Juizado* gesessen, als die Wärter auftauchten. Zwei Jungen hatten sie verpfiffen.

»Eigentlich wollte ich nicht mehr runter. Aber als einer den Revolver auf mich hielt, da war ich die erste, die runterkam.«

Fluchtversuche werden mit Schlägen und zusätzlichen Diensten bestraft: Hof fegen, in der Küche helfen, Räume säubern. Zwei Wochen hatte sie in der *Cafua*, im Verlies, verbringen müssen. Ein kleiner Raum, schlechtes Essen, kein Licht, kein Bett, nur der harte Stein. Ein furchtbarer Gestank macht sich breit, denn manchmal lassen die Aufseher die Kinder tagelang nicht zum Pinkeln oder Scheißen, meint Christina.

Cafua – wie mag das sein?

»Das ist wie eine grüne *Mamao*,* die du kaufst und dann weglegst«, erklärt mir Katia. »Nach ein paar Tagen ist sie gelb und weich!« Sie krümmt sich vor lachen. »Verstehst du das?«

Gelb im Dunkeln, gelb vor Urin … Weich vor Entkräftung, zum Durchkneten weich …

Ein Lied macht die Runde unter den Kindern, die den *Juizado* kennen. Christina fängt an, es zu singen. Simone und Sandra stimmen ein. Sie singen so, daß Simone eine Samba danach tanzen kann:

> »Da kommt das Essen vom *Juizado,* ich bin ja gespannt,
> wieder verfaulte Bohnen, und der Reis ist verbrannt.
> Und danach noch der Nachtisch,
> eine verfaulte Banane liegt auf dem Tisch.
> Und gleich danach kommen auch die Spaghetti an,
> sieht aus wie Kleister, so kleben die, Mann.
> Und gleich danach kommt ein Kartöffelchen an,
> so groß wie Schrot zum Schießen von Fasanen.
> Herr Jugendrichter, haben Sie Mitleid und Verständnis,
> lassen Sie uns aus diesem Gefängnis.
> Alle sind wir blau angezogen,
> waschen Wäsche mit nackten Füßen am Boden.
> Plötzlich klingelt die Schelle draußen vorm Haus,
> wir denken, jetzt können wir endlich hier raus,
> aber es sind die Kleisterschnüffler, die werden gebracht
> und auch in diesem Käfig eingelocht.«

»Du schläfst dort in Pisse und Scheiße«

Eigentlich ist der *Juizado* nur ein Durchgangsheim für die verlassenen Straßenkinder. Von hier aus werden sie auf die verschiedenen Heime der FEBEM, der staatlichen Einrichtung zum »Wohlergehen« der Kinder, verteilt. Diese liegen weit außerhalb der Innenstädte. Viele werden gar in Orte weit im Inland gefahren, um auf

---

* tropische Frucht, die auch Papaya genannt wird

Plantagen zu arbeiten. Aber arbeiten müssen fast alle in der FEBEM. Die Heime sind derart unterversorgt und verwahrlost, daß vor einem Jahr sechzehn Kinder in einem Heim an Masern starben.

Die Kinder aber, die sich wehren, braten oft wochen- oder monatelang im Durchgangsheim unter der Knute zumeist machthaberischer und jähzorniger Aufseher. Weil sie eine eigene, andere Einstellung und Meinung zu ihrem Leben haben, will man den Straßenkindern hier ihren Willen brechen. Weil sie nicht in die Gesellschaft passen, werden sie eingesperrt. Und weil sie diese Gesellschaft nicht verstehen, gelten sie als schwer erziehbar.

Wie Kindern der Wille gebrochen werden soll, erfahre ich von Manoel, der aus einem Elendsviertel im Norden Olindas kommt und wie viele versucht, an einem Wochenmarkt sein tägliches Brot zu verdienen. Als ich ihn und seine Familie aufsuche, ist er gerade mit seinem Vater dabei, das Dach zu reparieren. Sie haben die Ziegel an einer Stelle abgenommen und erneuern einige Latten und Bohlen. Das Holz ist keinesfalls gerade geschnitten und gehobelt. Sie verwenden Äste und Zweige oder alte, aber noch brauchbare Latten vom Müll. Die Regenfälle der letzten Tage haben die schwächliche Hütte fast zum Einstürzen gebracht. Und nun ist es wichtig, dem Dach eine neue Stütze zu geben.

Sieben Menschen wohnen in einer Küche und zwei kleinen Räumen, die jeweils gerade zwei, drei Betten fassen. In einem Raum ist es hell, weil hier durch das offene Dach die Sonne scheint. Die Wände sind aus Reisig und Lehm gemacht. An einigen Stellen tritt noch etwas Geäst aus den unebenen Wandflächen. Keine Bilder, keine Fotos, keine Blumen. Nur ein Kreuz hängt neben der Tür zur Küche. Die kleinen Fenster sind geschlossen, um es in der Mittagshitze kühl im Haus zu haben. Zementfußboden gibt es nicht. Der nackte Erdboden ist uneben und noch etwas feucht.

»Wenn es regnet, wird der Boden morastig. Und wenn es viel regnet, ist alles überschwemmt«, sagt Manoels Vater. Dann beginnt der Sumpf hinter der Hütte zu einem riesigen See anzuschwellen.

Manoel ist nur kurz zur Schule gegangen. Ohne etwas dabei zu lernen.

»Seitdem mein Mann arbeitslos war«, erzählt die Mutter, »brauchten wir die Hilfe der Kinder. Da konnten sie nicht mehr zur Schule.«

Mit dem neunten Lebensjahr hat Manoel begonnen, für das Überleben der Familie auf dem Markt zu arbeiten. Aber der Vater beschwert sich darüber, daß es den Kindern jetzt oft verboten wird, etwas zu verdienen. Am Wochenmarkt werde die Zahl der Kinder immer größer und ihr Verdienst kleiner. »Und davor stehen Wächter, die keinen reinlassen, um zu betteln. Dann werden sie vertrieben, geschlagen oder verprügelt. Manche schlagen sogar mit ihren Waffen zu...«

Als Manoel keine Arbeit mehr hatte und auch auf Autos aufpassen und betteln nichts half, hat er einfach zugepackt, gestohlen. Aber dann haben sie ihn erwischt.

»Zwei Männer haben uns mitgenommen«, berichtet er, »und zum *Juizado* gebracht. Dort haben sie uns in einen Verschlag gesteckt. Sie haben uns geschlagen, uns bestraft.«

»Wie waren die Strafen?« frage ich ihn.

»Na, sie haben uns in die *Cafua* gesteckt. Und da verbringst du vier Wochen drin. Wenn du reinkommst, geht es noch. Aber nach ein paar Tagen ist alles voll. Pisse und Scheiße! Du sitzt und schläfst in Pisse und Scheiße! Wenn du rauskommst, bist du fertig. Du duschst und kommst wieder zurück zu den anderen. In den Raum, wo du vorher warst. Und nachts machen sie Schweinereien mit dir. Die großen Jungen nehmen sich einen Kleinen und machen Gemeinheiten. Sie stopfen dir das Bettuch in den Mund, damit du nicht schreist.«

Die Aufseher mischen sich in diese Dinge kaum ein. Die Gewalt, die den Jungen durch das Leben in den Anstalten widerfährt, tragen sie nachts gegenseitig aus. Hinter verschlossenen Türen!

»Sie haben Krampen und Glas auf die Mauern gesteckt«, berichtet Manoel weiter. »Und sie haben einen Elektrodraht gezogen, damit der, der ihn berührt, herunterfällt.«

»Gibt es denn wenigstens Lehrer dort?« will ich wissen, weil ich das in den Hochglanzbroschüren der Behörden gelesen habe.

»Ja, es gibt wohl welche. Aber ich habe da nie Unterricht gehabt!«

»Und die Aufseher...«, beginne ich.

»...die bestrafen dich. In der heißen Sonne mußt du den ganzen Tag auf dem Beton liegen. Oder du mußt über den Boden kriechen und dann anhalten und liegen bleiben. Und wenn du dich bewegst, kriegst du fünf Schläge. Oder sie lassen dich ganz viel Arbeit machen! Schwere Arbeit! Da drinnen wollen die *Manitôs* mehr als die Polizei sein. Sie haben Kindern die Arme gebrochen, sie blutig geschlagen. Einem haben sie ein Bein gebrochen. Ein Bein und einen Arm. Als er auf einer Mauer war, haben sie ihn gestoßen, so daß er ausgerutscht ist. Er ist gefallen und hat sich den Arm und das Bein gebrochen. Der Junge hat irgendwas gearbeitet, ich weiß nicht, was. Aber der Aufseher hat ihn einfach so runtergeschmissen.«

Der Kleister ist vergoldet

»Die *Manitôs* im *Juizado* schlagen dich, das zertrümmert dir den Kopf.«

Simone ist neun Jahre. Wie alle läuft sie barfuß, hat ein enges Höschen und ein viel zu kleines Hemdchen an. Ihre nicht ganz schulterlangen, feinen, hellbraunen Haare sind verfilzt. Simone und Sandra sind *Galegas,* Hellhaarige.

Während ich mit den Mädchen an der Hafenlagerhalle zusammensitze, legt Simone ihren Kopf auf meine angewinkelten Beine und streicht über meine Füße. Ich streichele ihr über den Kopf, und sie kuschelt sich eng an mich.

Wo kommt sie her? Wo ist sie geboren? Wo gehört sie hin?

Sie weiß es nicht. Sie war immer hier. Ihre Mutter ist eine Prostituierte. Für ein paar Schnäpse und etwas Essen erweist sie den Männern Liebesdienste.

Juizado und FEBEM hat Simone früh kennengelernt: »Die *Manitôs* schlagen, und die großen Mädchen auch. Sie wollen deine Eltern sein, deine Mutter, dein Vater. Die Mädchen und die Wärter. Da bin ich abgehauen. Aber sie kommen immer wieder. Nachts, wenn wir hier schlafen. Du leidest viel da, bekommst Schläge. Und nie kommt mal wer an und sagt: ›Komm, geh lernen! Du kannst eine Krankenschwester oder eine Doktorin werden!‹ Irgendwas wäre mir schon recht. Wenn ich doch ... na ja«, stottert sie, »... eine Hausangestellte, um ein bißchen zu verdienen, das wäre schon was.«

Simone hält sich ihre kleine Dose Kleister vor den Mund. Durch drei Löcher im Deckel atmet sie tief ein. Immer wieder. Sie schaut mich dabei regungslos an. Sie träumt.

»Wie ist das?« frage ich.

Sie setzt die Dose nicht ab.

»Du schnüffelst mit dem Mund...«

»...ziehst es tief rein«, fügt Christina hinzu. »Du wirst ganz verrückt. Es gibt viele, die nicht wissen, wie das geht.«

Sie zeigt es mir, gibt mir die Dose. Ich atme ein. Stechendes Gas sitzt mir im Hals. Der äthrige Brand bringt mich zum Husten.

»Wie meinst du das: verrückt?« frage ich sie.

»Na schwindelig. Dein Kopf ist voll. Du siehst viele Leute... siehst einen Haufen Erscheinungen...«

Simones Augen leuchten mich an. Aber sie schaut durch mich hindurch. Sie hat tief durchgezogen und spricht langsam und unverständlich.

»Verrückt im Kopf. V-e-r-g-o-l-d-e-t! Was trinke ich?«

Sie lacht ganz laut, und mit kräftiger, tiefer Stimme fährt sie fort: »Betrunken bist du! Voll. Weil, der Kleister ist so gut. Und der *Fumo** ist spitze.«

»Du bist total wild. Und einer taumelt über den anderen«, meint Christina.

Simone krallt sich an der Dose fest. Keines der Kinder gibt den Kleister leichtfertig aus der Hand. Und auch wenn ich ihn kurz in der Hand halte und bei unseren Treffen das Einziehen der ätherischen Dämpfe imitiere, sie kontrollieren es genau. Gebannt starren sie mal auf die kleinen Blechbüchsen, Limonadedosen oder Plastikflaschen, in denen sie sich von einigen Schustern auf dem Markt die klebrige Masse abfüllen lassen, und mal auf mich. Sie sehen mir genau in die Augen. Der teuer bezahlte Kleister birgt eine unbesiegbare, eine zauberische Kraft. Die Wirkung des Kleisters ist nicht immer gleich. Frisch und flüssig ist er stark. Später wird er schwach und trocken. Mit Fingern und Stöckchen ziehen sie die trockene Haut an die Seite, um ihn wieder lebendig zu machen.

Noch halb nüchtern horchen die Kinder bei jedem Geräusch auf, aber vollgeschnüffelt trägt sie der Kleister davon. Weg vom Hunger, von den Sorgen, den Schmerzen der Schläge. Weg von dieser Aussichtslosigkeit. Der Kleister bringt sie zum Lachen und zum Weinen. Er löst die harte Kruste, die sie im Alltag brauchen, die jeder neue

---

* Marihuana

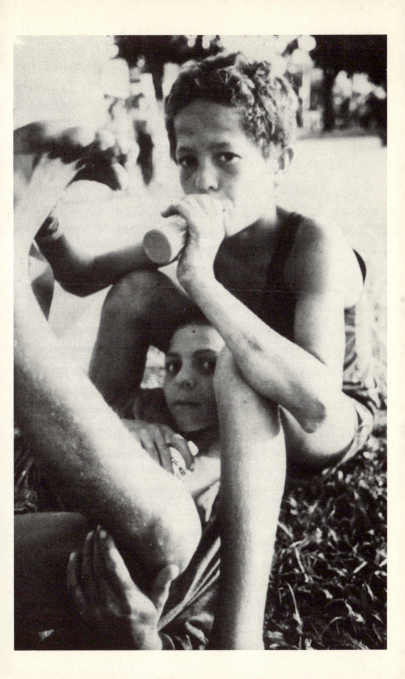

Tag von ihnen fordert. Sie krümmen sich vor Lachen, verfallen in einen Rausch, in Spinnereien, Phantasien. Wünsche werden in Luftblasen wahr. Und zerplatzen jäh, wenn sie am nächsten Morgen mit knurrendem, vor Leere schmerzendem Magen erwachen.

Langsam und unsicher sind ihre Bewegungen, und doch geben sich die Schnüffler gelassen. Mit dem Kleister in der Hand fühlen sie sich mächtig. Sie scheuen keine Tat. Bedenkenlos laufen sie in die Gefahr. Ohne Angst, ohne Zweifel, ohne Abwägung.

Wird ihnen ihre Dose abgenommen, werden sie hilflos, flehen und weinen um ihr Leben. Der Kleister ist ihr wirklich einziger Ausweg, der für kurze Zeit aus der Wirklichkeit führt. Wie an einer Milchflasche nuckelnd, entsaugen sie ihm ihre Träume.

Aber er ist ein trügerischer Ersatz, der die jungen Körper binnen kurzer Zeit zerstört. Spätestens nach ein paar Jahren klagen sie über Hals- und Lungenschmerzen. Sie jammern und schreien vor Zahnschmerzen. In Kiefer, Hals und Brust sticht und brennt es zum Zerreißen. Blutvergiftungen treten auf. Nicht selten sterben Menschen früh durch derartige Schädigungen ihres Körpers.

Die Liedermacherinnen

Es ist nicht leicht für mich, die Straßenkinder für irgend etwas zu begeistern. Aber ein kleines Aufnahmegerät, das ich oft bei mir trage, hilft mir. Die Faszination läßt Kassetten über Kassetten mit Gesprächen und Liedern füllen, die vom Leben der Kinder erzählen.

Die eifrigsten Sängerinnen sind Simone und Christina. Simone faßt ihre Texte in den Zweivierteltakt der *Embolada*. Es ist eine schnelle, fast eintönige nordostbrasilianische Musik, die sie von den Straßensängern kennt, die damit in der Innenstadt ihren Unterhalt verdienen. In den Liedern spiegelt sich ihre alltägliche Welt: das Klauen, die Flucht und die Verachtung der Menschen. Das Alleinsein. Und die Angst, beim Schnüffeln oder Kiffen erwischt zu werden. Simone kennt Schlägereien, Schußwechsel, Morde.

Christina singt ihre Lieder langsam und traurig, wie sie sind. Ihr Blick ist nach vorn gerichtet, wenn sie singt. Sie schaut keinem in die

Augen. Sie denkt nur an ihre Lieder, die vom Leben der Straßenkinder berichten:

> »Ich werde euch jetzt
> eine traurige Geschichte erzählen
> von einem kleinen schönen Mädchen,
> das aufbrach und sich dann verlor.
> Und nach acht Tagen
> fanden sie das Mädchen,
> das aussah wie ein Blümchen
> und in den Himmel sah.
>
> Fünf Uhr morgens schon,
> als die Glocken schlugen,
> suchte sie nach dem Mädchen,
> das aufbrach und sich verlor.
> Die Mutter dieses Mädchens
> wurde schon ganz verrückt
> bei der Suche nach dem Kind,
> ohne jedoch zu wissen, wo es war.«

> »Ihre Mutter
> war eine Mutter ohne Mann,
> eine traurige Wäscherin,
> deren Leben nur Arbeit war.
> Das Kind weinte und weinte,
> weinte ohne Mutter,
> mitten im Gärtchen
> lag sie auf dem Boden.
> Da kam der Gärtner
> und hatte Mitleid
> mit diesem Kind,
> das auf dem Boden lag.
> Er nahm sie mit nach Hause,
> denn das tat ihm leid.
> Danke, Gärtner,
> daß du das Kind gerettet hast
> aus der traurigen Situation.«

Was bleibt Ricardo auch übrig?

Regentage haben begonnen, und unter dem Vordach der Lagerhalle 18 kauern die Menschen unter Zeitungen und Pappe. Die kühlen Abendwinde lassen sie eng aneinander rutschen.

Ricardo, Silvania und Wilson teilen sich mit mir ein Stück Pappe. Zwei Jungen üben sich in *Capoeira*-Künsten. *Capoeira* ist ein afrikanischer Kampftanz, der von den Sklaven eingeführt wurde. Erst tänzeln die beiden Jungen allein in der Runde. Sie drehen sich. Und aus dem Drehen heraus schlagen sie ein gestrecktes Bein schnell vor dem anderen her oder über dessen Kopf hinweg. Aber dann greifen sie nicht nur sich, sondern auch die anderen an. Christina schlägt zurück. Sandra und Simone halten sich den Kleister vor den Mund und schauen dem Geschehen verträumt zu.

Wilson steht auf, geht drei, vier Schritte weiter, stellt sich an das Ende eines Hallentores und pinkelt in die Ritze. Er schaut sich um, achtet nicht drauf, daß seine Pisse an den Zehen vorbeirinnt.

Silvania hat den ganzen Tag mit der Suche nach Pequeno verbracht. Pequeno, der Kleine, ist ihr jüngerer Bruder. Während sie mit zwei Brüdern, einer Schwester, ihrem Stiefvater und ihrer Mutter außerhalb der Stadt in einer *Favela* wohnt, lebt Pequeno auf der Straße. Ihr Vater hatte die Familie eines Tages im Stich gelassen. Silvania weiß nicht genau, warum. Vielleicht, um Arbeit zu suchen, weil er keine hatte. Später kam der neue Vater. Seitdem hat sich Pequeno nicht mehr für längere Zeit zu Hause blicken lassen. Eine seiner Schwestern ist mit dem Vater gegangen. Eine andere schafft wie viele Mädchen vor den Bars im Hafenviertel Rio Branco auf der Insel Recife an.

Die zwölfjährige Silvania will die Nacht hier verbringen, um auf Pequeno zu warten. »Irgendwann muß er ja auftauchen. Wenn nicht, dann hat ihn wohl der *Juizado* gepackt und ...«

»Pequeno?« Wilson dreht sich um und rückt seinen Pimmel zurecht. »Den haben sie bestimmt auch gepackt. Heute sind sie in Kombis rumgefahren. Ein Haufen Typen war hinter uns her. Vielleicht vierzig. Die grünen Hühner haben uns gejagt.«

Wie viele der Straßenkinder nennt Wilson die Militärpolizisten grüne Hühner, weil sie eine grüne Uniform tragen.

»Und wen haben sie geschnappt?«

»Ich weiß nicht. Ich war mit Andre und Indio und einigen anderen zusammen. Als ich sah, daß sie den ersten hatten, bin ich gerannt. Nur gerannt. Ich hatte was Heißes dabei, eine Halskette. Und das ist nicht lange her, daß ich das letzte Mal im *Juizado* gelandet bin.«

Wilson hat seine Familie mit neun Jahren verlassen, zieht seit zwei Jahren von Stadtviertel zu Stadtviertel und schließt sich immer wieder den verschiedensten Banden an. Sein Vater ist gestorben, und seine Mutter schuftet als Wäscherin, um das Notwendigste für seine vier Geschwister zu verdienen. Zwei seiner Brüder passen auf Autos auf. Ihn aber zieht es auf die Straße.

»Ich mag die Straße«, sagt er. »Zu Hause habe ich nicht die Freiheit, die ich auf der Straße habe. Hier hab ich meinen Kleister, hier hab ich mein Geld!«

Der zehnjährige Ricardo sieht das etwas anders. Kann sein, daß er einmal der gleichen Meinung ist. Noch aber lebt er vom »ehrlichen« Verdienst. Aus einem Altmateriallager in São José leiht er sich einachsige mit Autoreifen versehene Karren und grast die Straßen der Innenstadt nach wiederverwertbaren Abfällen ab. Mit sechs lehrte ihm seine Mutter diese Arbeit. Heute macht er sie allein. Den Verdienst behält er für sich. Er bringt ihn nicht heim, wie viele andere es tun. Ricardo wohnt nicht zu Hause. Warum? Er spricht nicht darüber. Er schlägt sich alleine durch.

»Weißt du«, sagt er, »ich ziehe den Karren. Ich gehe auch betteln, wenn ich nichts habe. Irgendwie schaffe ich schon was zu essen ran. Aber stehlen und schnüffeln, nein!«

Wenn er Glück hat, kann er auf dem Markt als einer von vielen Jungen Gemüse oder Früchte für einen Händler verkaufen. Oder er dient zu den Mahlzeiten als Aufpasser der Verkaufsstände, holt Wasser, tauscht Geld um, wenn der Verkäufer einem Kunden nicht herausgeben kann. Auch Eis hat er verkauft. Popkorn und Bonbons hat er in kleinen Mengen verpackt und sie an einer Straßenecke oder auf einem Platz, wo viele Leute vorbeikommen, angeboten.

Aber die Verdienste sind begrenzt. Keiner kann mir nichts, dir nichts an einer Stelle auftreten. Da fordern selbsternannte Aufpasser, die stark und kräftig sind, oder gar Polizisten ihre Abgaben. Wer das nicht einsieht, wird gejagt. Auch die Kleisterschnüffler sind den arbeitenden Kindern nicht gerade wohlgesonnen. Ricardo weiß, wenn es ihnen in den Sinn kommt, könnte auch er bestohlen werden.

Manchmal, wenn sie nichts ergattern, fordern sie von anderen Kindern sogar eine Hose oder ein Hemdchen.

Ricardo nimmt es hin. Vielmehr, er freundet sich mit ihnen an und kann dadurch einige Nachteile verhindern, die diejenigen haben, die sich klar abgrenzen, die Kleisterschnüffler meiden und sie als Faulenzer verurteilen. Was bleibt ihm auch übrig?

»Sag, daß du sie magst!«

Wegen des Regens haben sie fast den ganzen Tag an der Lagerhalle verbracht. Simone hat beim Betteln eine halbe Flasche *Guaraná* bekommen, ein Sandwich und *1500 Cruzeiros*. Die sind für eine kleine Dose Kleister draufgegangen, an der sie wieder mal eifrig schnüffelt. Wucherpreise nehmen die wenigen Schuster, die den Straßenkindern ihren Kleister verkaufen.

Sandra und Christina haben das Notwendige vom Markt organisiert. Etwas Bohnen, Reis, ein Ei und ein Stück Dörrfleisch. Während die eine den Verkäufer abgelenkt hat, hat die andere in die Auslage gegriffen.

Simone konnte sich Fisch stibitzen. Alles bruzzelt nun übereinander gepackt in einer alten Blechdose auf einem kleinen Feuer vor sich hin.

Auf dem Pflaster sitzend starrt Indio wie gebannt in die Flammen. Eine kleine Plastikflasche hält er sich mit beiden Händen unter die Oberlippe.

»Der kann nicht mehr reden, Padre, so voll ist der!« ereifert sich Simone.

»Der schläft ja fast!« Christina lacht kurz und laut.

Indio lallt etwas Unverständliches, macht sich aber nichts aus dem Gelächter.

Während die anderen für ihr Essen gesorgt haben, muß sich Edilson noch an die Arbeit machen. Wenn der Regen ein wenig nachläßt, will er mit zwei, drei anderen die Bushaltestellen an der Avenida Guararapes und der Avenida Dantas Barreto abgehen. »Wie soll denn das ablaufen?« frage ich ihn.

»Na, wenn die Leute ihr Geld aus der Tasche holen, um den Bus zu bezahlen. Wenn sie einsteigen, springst du an den Bus, hältst dich am Griff fest und gibst ihnen einen Stoß, so daß ihnen das Geld aus der Hand fällt. Oder du ziehst es ihnen aus der Hand. Ich mach das nur bei Frauen. Die Männer, die laufen dir hinterher. Und die rennen schnell!«

Rauben ist den Jungen die sicherste Einnahme. Beim Betteln erreichen nur die Mädchen etwas.

»Die Mädchen haben den Teelöffel und wir nicht«, meint Edilson.

»Den Teelöffel?« frage ich erstaunt.

»Na ja, sie bekommen an den Restaurants und Buden was zu essen. Die Mädchen sind mehr wert als die Jungen. Wenn wir ankommen und nach Essen betteln, dann schicken sie uns weg. Die werden gut behandelt. Guck dir meine Sachen an, ganz kaputt. Und dann die Sachen von denen. Die bekommen von den Männern was zum Anziehen und...«

Simone, Sandra und Christina wird es jetzt zu bunt. Edilson übertreibt. Als wenn das alle Tage passiert! Na gut, ein paar Leute kennt Simone, die ihr zu essen geben. Aber meistens wird sie schlecht behandelt. Wie die Jungen leidet sie unter Tritten und Schlägen der Polizisten, der Verkäufer oder Passanten. Und sie leiden mehr...

Während sich die vier streiten, nehmen sich drei Jungen die neue unter den Mädchen vor. Vilma ist acht Jahre und erst seit kurzem mit den anderen zusammen. Oft steht sie verschüchtert abseits an der Wand und betrachtet das Geschehen um sie herum. Als die Jungen auf sie zukommen, will sie weglaufen. Aber sie wird gepackt. Ihre Gegenwehr hilft nicht. Zwei halten sie fest, damit der dritte sie küssen kann. Die anderen hören auf, sich zu streiten, und lachen.

Vilma wird losgelassen. Sie geht zurück an die Wand, schiebt ihre schulterlangen Haare aus dem Gesicht und rutscht langsam in die Hocke hinunter. Was soll sie tun? Ist die Bande nicht ihre einzige Chance?!

Ich setze mich zu ihr.

»Wo sind deine Eltern?«

»Mein Vater ist tot, sagt meine Mutter. Und meine Mutter ist in Pina. Unter einer Brücke ist sie dort.«

»Warum bleibst du nicht bei ihr?«

»Weil sie mich schlägt. Deswegen bin ich hier.«

»Ihre Mutter schlägt sie nur«, sagt Dona Lourdes, die »Tante« der Straßenkinder an der Lagerhalle 18. Sie hockt sich neben uns. »Das hält sie nicht aus, und darum geht sie mit den anderen Mädchen los, schnüffelt mit ihnen. Die lassen sie aber manchmal irgendwo allein. Das heißt, die einzige, die noch auf sie aufpaßt, ist Christina.«

»Wer hat dir das Schnüffeln gezeigt?« frage ich Vilma.

»Das war ich selbst. Ich weiß das schon lange, mehr als zwei Jahre ...«

Weil ich das nicht glauben will, frage ich die anderen: »Habt ihr es Vilma beigebracht?«

»Nein, keiner! Ihre Mutter hat ihr den Kleister gegeben. Die schnüffelt doch selbst. Das habe ich doch gesehen!« antwortet Sandra.

Während sie das sagt, tauscht sie mit einem Jungen ihre kurze Hose. Dann stellt sie sich im Slip vor die Gruppe und faßt darunter mit einer Hand an ihre Scheide und mit der anderen an den Kopf, als hätte sie die Pose in einem Sexblatt gesehen. Die Jungen rufen: »Hei, hei!«

Edilson kommt auf Vilma zurück: »Der hab ich schon ein paar Boxer versetzt, weil sie einmal mit der Dose, die ich ihr gegeben habe, abgehauen ist. Sie hat den Kleister und mein Geld genommen und ist mit einem anderen abgehauen.«

»Warst du denn mit ihr zusammen?« frage ich ihn.

»Das ist schon was her!«

»Wollte sie das auch?«

»Wenn ich geschnüffelt habe und sie wollte was, dann hab ich sie genommen. Ich hab sie mir hingelegt. Da hab ich sie geküßt und so.«

»Na, und du meinst, daß sie das wollte?!«

»Ja«, sagt er, ohne daß er je daran gezweifelt hätte.

»Mögt ihr denn die Küsse der Jungen?« frage ich die Mädchen.

»Jajaja!«

»Himmlisch!«

»Toll!«

Nur Vilma verneint still.

»Sag, daß du sie magst«, befiehlt ihr Simone. Dann schaut sie mich an. »Sie mag sie auch. Sie lügt.«

Simone weiß, daß die Zuwendungen der Mädchen gegenüber den Jungen wichtig sind. Die Jungen schaffen ja das meiste Geld heran und versorgen sie mit Kleister und Marihuana. Dafür verlangen sie Liebe und Zuneigung.

Sandra versteht es bereits bestens, die Aufmerksamkeit mit allen Mitteln auf sich zu ziehen. Sie schiebt ihren Po von einer Seite zur anderen. Das mögen die Jungen, und sie honorieren es gut. Simone eifert ihr fleißig nach. Und bald wird sie nicht nur mit den Jungen, sondern wie Sandra mit den Männern ins »Dunkle« gehen, wie die Kinder sagen.

Doch trotz ihrer aufschneidenden Gebärden haben die Mädchen Angst. Christina weiß sehr wohl, daß das kein Spiel ist, sondern zum täglichen Verdienst gehört und gefährlich ist. Um aber sicher zu gehen, wie sie Tage später erklärt, bleiben die anderen immer in der Nähe, wenn eine mit einem Mann verschwindet.

»Vilma ist gestern mit einem Typen mitgegangen, den wir nicht kannten«, erzählt Christina. »Wir sind ihr nachgelaufen und haben ›Dieb‹ und ›Hascher‹ gerufen. Aber Vilma meinte, sie kennt ihn. Da haben wir gewartet. Einmal da hat Sandra einen Marinesoldaten ergattert und hat uns gesagt, daß wir uns raushalten sollten. Gut! Sie sagte, es ist alles in Ordnung. Sie ging mit ihm in eine dunkle Ecke. Aber dann, plötzlich, hat sie doch gerufen. Und als wir kamen, war sie ohnmächtig. Wir haben uns auf den Typen geschmissen und ihn getreten und geschlagen.«

Das Gewicht des Matrosen hatte Sandra die Luft abgedrückt. Das war ihr nicht das erste Mal passiert. Aber diesmal war sie leer ausgegangen. Wenn sie nicht ohnmächtig geworden wäre, hätte sie versucht, dem Mann das Geld aus der Tasche zu ziehen. Manchmal versuchen das auch die anderen, während eine sich einem Mann hergibt.

»Und wie ist das mit dem Geld?« frage ich Christina.

»Das wird geteilt!«

»Und wenn eine nicht teilt?«

»Dann kriegt sie was zu hören. Oder wir gucken sie nicht an. Sie bekommt dann das nächste Mal auch nichts. Ganz egal, wieviel das ist.«

Als ich wissen will, wer die Verdienste aufteilt, wer in der Gruppe bestimmt und wer sie anführt, winkt sie ab: »Wir machen das zusammen! Es gibt keine, die uns anführt!«

»Aber wer hat denn mehr Rechte, Vilma oder Simone?«

»Vilma, weil sie noch klein ist. Simone ist eben größer, die weiß schon was, ist tüchtiger und versteht mehr.«

»Und wer muß mehr ranschaffen?«

»Auch Simone. Das ist doch klar! Vilma müssen wir das noch beibringen. Wir müssen ihr zeigen, wie sie sich durchschlagen kann. Weil sie eben noch zu klein ist ...«

Die Trombadinha-Bande

Obwohl einer der Jungen in aller Munde ist, taucht er kaum auf. Er ist der Schwarm vieler Mädchen und ein Vorbild für fast alle Jungen. Ich versuche ihn mir vorzustellen, aber die Wirklichkeit straft alles Lügen.

Mit seinen vierzehn Jahren ist Francisco kaum größer als die Elf- oder Zwölfjährigen. Ein bißchen kräftiger ist er schon. Dadurch wirkt er bulliger. Aber er ist klein. Seine Ohren stehen etwas ab, und die Haare sind nach Pißpottmanier abrasiert. Alle nennen ihn China. China, der gerne singt, sagen sie.

Anfänglich ist er mißtrauisch und vorsichtig bei den Antworten auf meine Fragen. Nicht, daß er nicht wüßte, wer ich bin, denn die anderen haben ihm von mir erzählt. Aber er mustert mich erst einmal argwöhnisch. Doch bald taut er auf. Auch der Grund seiner Abwesenheit wird deutlich: Es hatte ihn für längere Zeit nach Hause gezogen.

Wir sitzen an der Ecke der Lagerhalle 18, während die anderen ihr Abendmahl brutzeln. Der Tag hat China nichts gebracht. »Nichts Großes«, seufzt er und schaut nachdenklich drein. Er friert ein wenig und hat Hunger.

»Ich bin am Überlegen, wo ich heute Nacht schlafen soll. Vielleicht hier«, murmelt er vor sich hin. »Aber ohne Decke, ohne Papier, ohne etwas?«

»Kannst du nicht nach Hause?« frage ich ihn.

»Weiß nicht! Vielleicht! Aber wenn ich geh, dann krieg ich 'ne Tracht Prügel, weil ich ohne Geld komme!«

»Wie lange lebst du schon auf der Straße?«

»Das Umherziehen habe ich mit sieben Jahren angefangen. Das war hier an den Kais. Da waren schon ein Haufen Jungs hier. Waren alle am Kiffen … Ich wußte nicht mal, was das ist, Marihuana oder Kleister. Sie haben mich hierher geholt, mich rauchen lassen, bis ich total verrückt war. Tja, so fing das an. Ich hab mich dran gewöhnt. An die Straße und an das Leben hier.«

»Und deine Eltern?«

»Die hatten mich ja losgeschickt. Ich sollte Geld ranschaffen. Hin und wieder konnte ich dann zurückkommen.«

»Hast du für sie gestohlen?«

»Nein, nein! Für sie nicht! Die haben mich losgeschickt, damit ich was ranschaffe. Nicht stehlen! Aber ich habe es eben so gemacht und mich dran gewöhnt. Stehlen, stehlen, stehlen! Und dabei ist es geblieben.«

»Was waren denn so deine größten Diebstähle?«

»Der größte war eine Schreibmaschine. Da bin ich in einen Laden eingebrochen. Das war an einem Sonntag. Ich hab sie auf dem Kopf davongetragen.«

»Und der größte mit den anderen?«

»Mit den anderen? Das sind meistens Uhren. Das meiste Geld, was ich mir genommen habe, war Karneval dieses Jahr. Das waren 100 000.«

Das waren damals etwas mehr als zweihundert Mark. Aber über die Hälfte der arbeitenden Bevölkerung verdient nicht einmal hundert Mark im Monat. Ein guter Raub also!

»Wie hast du denn das fertig gebracht?« frage ich erstaunt.

»Na, ich war auf dem Karneval in Olinda, und da habe ich diesen besoffenen Typen gesehen. Der roch nach Geld. Ich bin ihm nachgegangen. Und in einem günstigen Moment hab ich es ihm aus den Taschen gezogen!«

»Hast du das mit anderen geteilt?«

»Nein, es war keiner mit mir zusammen. Ich hab's verfuttert und den Rest meiner Mutter gegeben.«

»Wie ist das denn normalerweise, wenn einer raubt und die anderen dabei sind?«

»Ja, wenn einer in einer Truppe ist, dann muß er teilen. Wenn er nicht teilt, dann setzt es sofort was. Das macht der Chef.«

»Wer ist der Chef?« frage ich und denke dabei an ihn. Aber China gibt sich nicht zu erkennen.

»Was weiß ich!« wiegelt er ab.

»Aber einer muß doch der Chef in so einem Moment sein!«

»Man ist Chef einer Bande, wenn man sie anführt, wenn man die Leute schickt!«

Ich stelle mich dumm. »Wenn ich jetzt mit einigen von euch losgehen würde, wäre ich dann der Chef?«

»Nein! Du kannst nur Chef sein, wenn du am meisten stiehlst. Dann kannst du auch die anderen aussuchen...«

»...und sie zum Stehlen losschicken, oder?« füge ich hinzu.

Christina hat zugehört. Sie setzt sich vor uns in die Hocke und fängt an zu erklären: »...und du schickst einen mit, der zusieht, wie sie stehlen. Ob gut oder schlecht. Zum Beispiel, wenn er einem Mann die Brieftasche stehlen soll, der kann es aber nicht. Dann kommt der, der zugesehen hat, wieder und sagt dem Chef: ›Hör zu, der Typ bringt das nicht! Du kannst den für sowas nicht gebrauchen!‹ Dann schickt er eben einen anderen. Und der schafft es. Der wird auch was!«

Ich will wissen, ob man den Chef ablösen oder stürzen kann: »Nehmen wir mal an, China ist Chef der Bande, und ich komme dazu. Wie könnte ich dann Chef werden?«

»Du mußt eben mehr als die anderen rauben, fertig!« sagt China.

»Nein, so stimmt das nicht!« Christina erklärt die Sache genauer. »Nun, du mußt stehlen, klar?! Und du mußt auf den Chef hören, dich um ihn kümmern. Zunächst bist du *Cabueta,* dann *Cabo,* Korporal, und dann Chef. Als *Cabo* mußt du alles richtig machen. Du kommst eben an, fertig, und du machst es! Du mußt die Sachen übernehmen können! Rauben, laufen. Du hast Karriere in den Beinen, hast da Vitamine drin! Du bringst was. Und wenn du größer bist, dann wirst du Chef von den Männern. Fängst an, Leute umzubringen, ja ... töten ... Das machen die wirklich...«

»Können die Mädchen auch Chef werden?« frage ich sie.

»Klar können sie das!«

Das geht China zuweit: »Sie können Chef der Mädchen sein, aber nicht der Jungen!«

»Blödsinn«, winkt Christina ab, »natürlich können sie das! Warum denn nicht?!«

»Nein, nein, nein!« China ist hilflos.

»Warum?« schreit Christina. Die beiden keifen sich an, aber nicht ernsthaft. Es ist mehr ein Spaß.

»Weil ich es sage, daß das nicht geht! Weil, weil...«

Jetzt merkt China selbst, daß er sich verzettelt hat. Erst grinst er liebevoll. Seine Grübchen machen ihn sympathisch. Und dann lachen beide herzlich.

»Gut«, witzelt Christina, »die Mädchen werden Chef, wenn sie sich mit so einem hier streiten können.« Wobei sie auf China zeigt. »Wenn sie sich mit einem *Cabo* schlagen. Tang, tang, tang! Und am Ende gibt's einen Chef und eine Chefin. Der König und die Königin. Die schicken die Leute los.«

»Wer raubt denn mehr? Die Jungen oder die Mädchen?«

»Die Jungen!« antwortet China entschlossen.

»Und die Mädchen?«

»Die stehlen auch, und sie verschwinden in Häusern...« Er lacht.

»Wer verdient mehr?« frage ich weiter.

»Die Mädchen, weil sie mit den Männern ins Dunkle gehen. Und manchmal rauben sie sie aus.«

»Tun sie das von selbst?«

»Nein! Die Männer rufen sie.«

»Sag mal, China, hat eure Gruppe hier eigentlich einen Namen?«

»Die Bande? Ja, *Trombadinha!*«

Trombadinha ist die Verniedlichung des Wortes Zusammenstoß: *Trombada*. Weil viele Kinder Zusammenstöße mit den Passanten auf der Straße verüben, werden sie (häufiger im Süden von Brasilien) die *Trombadinhas* genannt.

Christina und China kennen mehrere Kinderbanden in den Straßen der Stadt. Oft zählen sie bis zu zwanzig oder gar mehr Mitglieder. Aber nicht alle Kinder machen sich bei den täglichen Raubzügen auf die Pirsch.

»Das ist unterschiedlich«, meint China. »Mal sieben oder zehn. Mal auch nur fünf oder drei. Das kommt drauf an.«

Die Größe der Banden verändert sich. Ständig wechseln Mitglieder und Rangordnung. Aber wer es mit dem Anführer aufnehmen will, muß sich das gut überlegen. Denn leicht kann er für einige Zeit zum Dreschprügel der Bande werden. Ihr Chef wird ihn mit der Rasierklinge schneiden oder nackt ausziehen lassen.

Wenn der *Juizado* den Chef einkassiert hat, übernimmt ein anderer seinen Platz. Kommt er aus den Kerkern der Jugendanstalt raus, muß er sich die ehemalige Position zurückerobern, wenn er die neue Rangordnung nicht hinnehmen will.

China rühmt sich, oftmals Chef in den unterschiedlichsten Banden gewesen zu sein. Er prahlt vor denen, die uns zuhören, schon einmal in Maceio gelebt zu haben. In Maceio sei der Kleister viel besser und viel billiger zu haben. ».. . viel Zuckerrohrschnaps, viel schöner alles«, schwärmt er.

»Erzähl doch keine Märchen!« rufen die anderen.

»Als ich aus Maceio zurück war...«

»Wie bist du zurückgekommen?« unterbreche ich China.

»Mit dem Bus oder mit dem Lastwagen. Ich hab die Leute gefragt, und die haben mich mitgenommen. Und dann hab ich eine Zeit im Bairro Boa Viagem verbracht. Danach war ich am Flughafen. Und dann hat der *Juizado* mich wieder mal gepackt...«

China fängt an zu singen. Er will sich auf meinem Aufnahmegerät hören. Christina stimmt ein. Abwechselnd singen sie die Reime und gemeinsam den Refrain.

Fuscão Preto, der große, schwarze Käfer

Ein paar Wochen gehe ich Tag für Tag an die Cais de Santa Rita. Ich begebe mich unter stehlende Straßenkinder, unter Jugendliche, die nächtlich Überfälle begehen, unter junge Menschen, die in einer derartigen Not leben, daß ich es ihnen nicht verübeln könnte, wenn sie mich ausnehmen würden.

Da ist der siebzehnjährige Marco, der seine Überfälle stets zu zweit oder zu dritt mit Messern oder Pistolen startet. Er macht keinen Hehl daraus. Er erzählt es offen und selbstverständlich. Nur wegen einer Sache hat er Schuldgefühle. Ein Freund hatte in seinem Beisein eine Frau vergewaltigt, und heute schämt er sich, nicht eingegriffen zu haben.

Da ist Carioca, der die Jüngeren nicht selten zum Ausrauben anhält und dennoch nicht reicher wird.

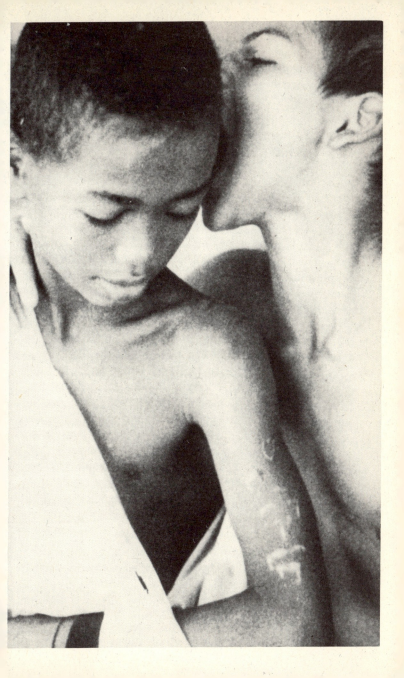

Da ist der zwölfjährige Sérgio, dessen zwölfköpfige Familie in Rio wohnt. Sein größter Überfall hat ihm *500 000 Cruzeiros* eingebracht; damals tausend Mark. Da sind China, Wilson, Everaldo, Bolacha, Bidene, Dinho, Papinha, Sandro, Júcelio, Severino und wie sie alle heißen.

Wochen begibt sich ein *Gringo,* ein hellhäutiger Ausländer, bis spät in den Abend hinein zu den Schlafplätzen von Straßenkindern. Wochen geht es gut, und dann kommt der Überfall. Völlig unerwartet. Und rätselhaft. Nicht von den Kindern hier geplant, sondern von ganz anderer Seite.

Seit einigen Tagen ist ein Mann jeden Abend um halb zehn an der Lagerhalle entlanggegangen. Er wäre nicht weiter aufgefallen, wenn ich nicht regelmäßig eine eigenartige, kurze, aber tiefe Stille unter den Leuten vernommen hätte. Ein Luftanhalten für Sekunden. Ich vergaß, den Grund zu erfragen. Ich konzentrierte mich auf die Gespräche und die Geschichten der Kinder.

An diesem einen Abend mustert mich der Mann genau. Er durchbohrt mich mit seinen Blicken, als ich mit Marco, China und einigen anderen unsere selbstgemachte Musik aufnehme. Kartons, Kisten und Blechdosen dienen als Schlaginstrumente. Ein paar brasilianische Sambas. Und dann die Songs von Michael Jackson, von dem die brasilianische Jugend besessen ist. Auch die Kinder an den Kais würgen sich, ihn nachahmend, abgehackte Laute ab.

Der Mann biegt um die Ecke der Halle, an der wir sitzen. Er geht auf eine Brücke zu, die auf die Insel Recife führt. Ich schaue ihm kurz hinterher.

»Der ist vom ersten Distrikt«, flüstert Marco mir zu, als er vorbei ist. *»Sargento**!« Dann singt er beherzt weiter.

Nach etwa zehn Minuten tauchen zwei ältere Jungen auf. Sie tragen gepflegte Shorts und Sportschuhe und bewegen sich ruhig um die Gruppe herum. Sehen uns zu. Die anderen scheinen sie zu kennen. Aber dennoch blicken sie sich etwas aufgeregt an.

Plötzlich packt mich einer der beiden von hinten um den Hals. Noch ehe ich die Aufregung der anderen richtig bemerke und mich über die Kleidung meiner Angreifer richtig wundern kann, fühle ich ein Messer oder etwas ähnliches in der Seite. Sie ziehen mich in

---

* Polizeioffizier

Windeseile um die Ecke. Ich bekomme kaum Luft. Die anderen reden auf sie ein. Ich sei ein Freund von Demetrius, ein Padre, ein... Aber sie greifen nicht ein. Alles geschieht blitzschnell. Und dann sind Aufnahmegerät, etwas Geld und Tasche futsch!

In der Zwischenzeit haben einige Frauen und Kinder, die das Ganze von Ferne beobachtet haben müssen, zwei Militärpolizisten geholt. Und ein paar Minuten später sitzen die beiden Jungen vor mir an der Wand. Die Polizisten halten Pistolen im Anschlag. Obgleich ich stinksauer bin, zeige ich die beiden nicht an, weil ich mir vorstellen kann, was mit ihnen passiert. Und weil ich froh darüber bin, außer dem Geld alles zurückerhalten zu haben. Wo aber ist das Geld? Wer sind die beiden? Woher wußten sie, daß ich hier bin? Von den anderen etwa? Haben sie es zusammen geplant?

Einer der beiden entschuldigt sich und will sich mit mir in der Garage an der *Igreja du Penha* treffen. Ich glaube ihm nichts. Ich habe nur Fragen.

Am nächsten Tag steht er barfuß und in zerlumpter Kleidung vor mir. Pünktlich zur Zubereitung der Suppe in der alten Busgarage erscheint er. Edilson, achtzehn Jahre, und unter den Menschen auf der Straße als *Fuscão Preto* bekannt, der große, schwarze Käfer.

»Ich bringe das Geld auf alle Fälle zurück. Wir wollten in ein Taxi rein und ab, als die Polizisten kamen. Da haben wir es liegen lassen. Aber ich bringe es wieder. Auf alle Fälle. Nur, die Polizei nimmt mich unter Beschlag, weißt du. Sieh mal her, Demetrius, hier, überall Wunden und Flecken.«

Er zeigt auf Arme und Beine. Immer wieder entschuldigt er sich.

»Wollen wir nicht zusammenarbeiten?« fragt ihn Demetrius.

»Klar!« Fuscão zuckt mit den Schultern. »Nur, das erste, was ich brauche, ist ein Job. Ein kleiner Job nur, um da rauszukommen!«

Als er geht, kommt Jaçira auf mich zu, eines der älteren Mädchen, die ich fast jeden Tag antreffe. Sie will wissen, was los ist. Und ich erzähle ihr vom Überfall. Sie will es genauer wissen. Und ich berichte von allen Einzelheiten. Auch vom *Sargento* des ersten Distrikt, der sich so merkwürdig...

»Ha!« Sie nickt mit dem Kopf. »Logisch! Der war das! Der hat dir Fuscão auf den Hals gehetzt und hat auf der anderen Seite gewartet. Im Polizeirevier.«

»Meinst du wirklich?«

»Na, Mensch, der schickt alle los, damit sie die Leute ausrauben. So ein dünner mit etwas längeren Haaren? In Zivil?« Sie schaut mich an. Ich bejahe.

»Wer dem nicht gehorcht, wird eingelocht. Was meinst du, weswegen die anderen nicht eingegriffen haben? Na, weil sie Angst hatten. Sonst sind sie dran. Der hat schon viele verprügelt. Oder er läßt sie verprügeln, Jungen und Mädchen.«

»Und warum meinst du, haben die grünen Hühner dann Fuscão gepackt?« frage ich.

»Die haben das nicht gewußt, daß Fuscão für den Typen unterwegs war. Und das Geld, das haben die sich genommen.«

Fuscão hatte sicherlich Angst, sich mir gegenüber preiszugeben. Er hatte in Rätseln gesprochen. Es hätte ihn sonst den Kopf gekostet.

Jaçira weiß, wovon sie redet. Mit dreizehn hat sie Fuscão kennengelernt. »Damals war er vierzehn, und ich war in ihn verliebt«, schwärmt sie beinahe wehmütig. »In der Zeit war er Karrenzieher. Ich ging mit meiner Schwester auf die Straße. Wir lebten auf der Straße, und nachts haben wir in einer dunklen Hausecke geschlafen. Einmal hat mich ein Wächter herangerufen und mich mit auf die Toilette genommen. Er hat mir Geld gegeben. Meine Schwester hat geweint. Ich hab auch geweint. Damals hab ich noch geweint... Fuscão hat Papier gesammelt, und sein Vater arbeitete hier auf dem Markt. Aber dann hat er Kleisterschnüffler kennengelernt und ist mit denen gegangen. So hat es angefangen. Er hat gestohlen, geschnüffelt und ist in der FEBEM gelandet.«

Heute ist Jaçira siebzehn und schwanger. Wie für viele der älteren Mädchen ist ihre Bleibe der Markt von São José.

Der teuflische Kreislauf zwischen den staatlichen Jugendanstalten und dem Überlebenskampf auf der Straße, dieses ständige Hin und Her hat diese Mädchen körperlich und seelisch kaputt gemacht. Sie versuchen oftmals, allem ein Ende zu bereiten. Sie genehmigen sich fast täglich eine neue Ladung Optalidon. Das abhängig machende Schmerzmittel putscht auf. Unzählige Tabletten schlucken sie, um zu vergessen. Und dann, wenn sie sich für kurze Zeit vollgedröhnt haben, schneiden sie sich und die anderen leichter mit Rasierklingen, weil sie sich selbst hassen. Ihre Arme verzeichnen unzählige Schnitte.

Das notwendige Geld bekommen die Mädchen von ihren »Alten«. Es sind Markthändler, die sich neben ihrer Frau eine kleine Geliebte halten.

Während Jaçira auf dem Markt lebt und überlebt, ist Fuscão im Laufe der Zeit das Opfer bestechlicher Polizisten geworden, die kleine Diebe für sich arbeiten lassen. Fuscão muß rauben, weil es ihn sonst erwischt. Und sie werden seinen Anteil an der Beute ständig verkleinern, so daß er gezwungen ist, mehr Überfälle zu begehen.

Bald gelangt einer wie China in diesen Kreislauf. Sérgio, Wilson ...

Was aber, wenn Fuscão dieses Leben satt hat?

Eine Woche darauf wird er gefaßt und in das gefürchtete Gefängnis *Roubos e Furtos* geschafft. Tage später wird er gefesselt in einem Militärjeep durch die Straßen von São José gefahren. Freunde wollen dabei gesehen haben, daß sein Körper mit Wunden und Blutergüssen übersät war. »Sie haben ihn geschlagen, damit er die Namen der anderen nennt«, sagen sie.

Wochen später höre ich, daß Fuscão tot sein soll.

Gewalt
und kein Ende

Die Papageienschaukel

Als im April 1964 in Brasilien das Militär die Regierungsmacht übernahm, landeten Tausende von Arbeitern, Kleinbauern, Studenten und Politikern in den Gefängnissen. Eineinhalb Jahrzehnte sorgte ein Militärregime für »Ruhe und Ordnung«, verfolgte Oppositionelle und beseitigte sie, soweit es für notwendig gehalten wurde. In dieser Zeit machten die großen ausländischen Unternehmen (auch die deutschen) sagenhafte Gewinne in Brasilien, während das Land und viele Menschen verarmten.

Mitte der siebziger Jahre nahmen die Proteste aus der Bevölkerung zu, so daß sich die Militärregierung gezwungen sah, einige der demokratischen Rechte wieder zuzulassen. Im Jahr 1979 wurde ein großer Teil der politischen Gefangenen begnadigt und freigelassen.

Doch gehören damit die Folterungen in den Gefängnissen noch nicht der Vergangenheit an. Auch wenn sich das Militär im Laufe der Jahre langsam aus der Politik zurückgezogen hat, so sorgt es doch mit seinen Mitteln dafür, daß man es nicht so leicht vergißt. Elektroschocks, Schläge und *Pau de Arara* sind für viele Gefangene bittere Gegenwart.

Graça, Zézé und Jaçira wissen genau, was ihnen blühen würde, kämen sie in das Gefängnis *Roubos e Furtos*.

»Du willst wissen, was *Pau de Arara,* eine Papageienschaukel ist«, sagt Graça. »Sie hängen dich an einer Stange auf. Die Hände werden mit den Füßen zusammengebunden. Du hängst mit den Knien an der Stange, und dann schlagen sie dich. Und unter dir stellen sie eine Kerze auf.«

»Und dann gibt's die Strafe *Pau de Viola*«, fährt Zézé fort. »Da schlagen sie dich mit einem geschnittenen Gummireifen.«

»Das ist was anderes als beim *Juizado!*« meint Jaçira. »Da war es nur Telefon und Backe. Weißt du, wie das geht? Soll ich es dir mal zeigen?«

Sie grinst mich an. Dann läßt sie einen lauten Lacher raus.

»Paß auf! Wenn ich dir gleichzeitig mit beiden Händen voll auf die Ohren schlage, das ist Telefon. Und bei Backe mußt du eben die Backen aufblasen, und dann schlage ich voll von beiden Seiten drauf!«

Eine der härtesten Strafen ist der Todeskorridor. Die zu bestrafenden müssen durch einen Schlauch knüppelnder Anstaltsjugendlicher. Wer nicht doll genug schlägt, muß zur Strafe selbst hindurch.

Die Schwadronen

Eine Zeitung berichtet im Juni 1984 unter der Schlagzeile »Todesschwadron greift in Recife von neuem an« über den Tod von sechs »Tagesdieben«. Wörtlich: »Bis jetzt hat die Polizei keine Fährte gefunden, um die Opfer und noch weniger die Kriminellen zu identifizieren. Obgleich sich die Anwohner der Orte, an denen die Körper zurückgelassen wurden, sicher sind, daß ›dies ein Werk der Polizei war‹. Die Leichen weisen Zeichen von Mißhandlungen vor, und in einigen Fällen waren die Spuren von Handschellen an den Armen sichtbar. Die Toten waren allesamt Jugendliche.«

Einen Tag später erhöht sich die Zahl der Toten auf fünfzehn. Und wieder sind sich die Anwohner sicher, daß die Polizei im Spiel ist.

Einen Tag darauf werden drei weitere Tote gefunden. Dann aber nimmt die Berichterstattung ab. Doch innerhalb eines Monats steigt die Zahl der Leichen auf über hundert allein in Recife an.

Rechtsanwälte der katholischen *Comissão Justiça e Paz,* der Kommission für Recht und Frieden, haben sich um die Aufklärung der Fälle bemüht. Im September berichten sie mir über die vorliegenden Fakten:

»Eigentlich liegt die Hauptaktionszeit der Todesschwadronen zwischen 1965 und 1975. Es hat nach dem Militärputsch 1964 angefangen. Sie sind durch die Großgrundbesitzer oder die Zuckerbarone finanziert worden und haben Oppositionelle umgebracht. Landarbeiter, die sich gegen die niedrigen Löhne und schlechte Arbeitsbedingungen gewehrt haben, waren den Besitzern der Zuckerrohrplantagen ein Dorn im Auge. Also haben sie diese von den *Pistoleiros* der Todesschwadronen umbringen lassen. Die Todesschwadronen hatten alles unter Kontrolle. Ja, sogar die Sicherheitsorgane haben sie kontrolliert. Sie haben selbst viele Polizisten organisiert. Sie haben Leute unter Vertrag genommen und private Milizen aufgestellt.«

»Und wie ist das heute?« frage ich.

»Bis zum Anfang dieses Jahres hat es immer grausame Morde gegeben. Mehr oder weniger immer. Aber in den Monaten Juni und Juli wurde es schlimm. Hundert Tote allein in Recife! Und sie hatten immer die gleichen Merkmale: Folter, Durchprügelung, Narben von Handschellen. In einigen Fällen waren die Körper durch Verbrennungen unkenntlich gemacht worden. Die Identifikation war schwierig. Ausweispapiere fehlten. Das Verschwinden von Personen nahm ständig zu! Aber die Gefundenen hatten immer etwas mit Raub, Diebstahl oder Überfällen zu tun. Arme Menschen! Und außerdem: Viele waren im Gefängnis *Roubos e Furtos* bekannt, hatten dort eingesessen. Aber keiner von ihnen hatte ein Gerichtsverfahren hinter sich oder war rechtmäßig verurteilt worden.«

»Wie wurde das bekannt?«

»Der Gouverneur hatte unter Druck der Opposition eine Kommission einsetzen lassen, die einige Fälle untersuchte. Man stellte fest, daß in fast allen Fällen die Toten aus dem *Roubos e Furtos* kamen. Sie wurden des Nachts durch Polizisten herausgeholt und auf grausame Weise getötet.«

»Haben die Ergebnisse Folgen gehabt? Hat man gehandelt?«

»Nein! Die Kommission untersuchte nur wenige Fälle. Zu wenige! Bis heute wurden keine Vorkehrungen getroffen. Zur Zeit der Untersuchungen nahmen die Ermordungen zwar ab, aber bis heute sind uns wieder über zehn Fälle mit den gleichen Merkmalen bekannt.«

Unverblümt äußern sich einige Polizisten vor Journalisten: »Diese Leute müssen abkratzen!« Auch in der Bevölkerung, vor allem unter den reicheren Schichten, ist die Zustimmung für die Todesschwadronen nicht gering. Ein Stadtverordneter gibt sogar offen seine Sympathie und Unterstützung für dieses selbsternannte »Straßensäuberungsorgan« bekannt. Eine panische Angst vor den steigenden Überfällen und Diebstählen der Kinder und Jugendlichen bricht aus. Radikales Durchgreifen wird gefordert.

An den Kais werden die Kinder nervös. Die Stimmungsmache ist gegen sie gerichtet, und das merken sie. Demetrius meint: »Die Angst war noch nie so groß!«

»Ich habe meinen Jungen im Kühlhaus gefunden«

In einer *Favela* im Norden von Recife lebt die vierzigjährige Wäscherin Dona Maria. Seit neun Jahren wohnt sie hier mit ihren drei Söhnen. Der jüngste ist zwei Jahre und der mittlere zwölf. Der mit sechzehn Jahren älteste Sohn wurde ihr vor einem halben Jahr genommen. Die Mutter berichtet, wie das geschah. Doch bittet sie mich, ihren vollständigen Namen, den Ort und die Umstände, die zu diesem Gespräch führten, nicht zu nennen. Ihre Angst ist sehr groß.

»Er kam vom Markt nach Hause, wusch sich, trank einen Kaffee und, es war so um sieben Uhr abends, da sagte er: ›Mama, ich werde noch nach draußen gehen, eine bißchen Luft schnappen.‹ Er wollte mit seinem Freund, hier von gegenüber, gehen. Ich sagte noch: ›Nein, geh doch nicht mehr raus! Leg dich hin und ruh dich aus!‹ Aber er sagte: ›Nein, Mama, ich gehe nur da vorne hin! Ich komme bald zurück.‹ Gut, ich schloß die Tür ab und legte mich bald hin. Spät abends, so um Mitternacht, es war von Sonntag auf Montag, kam sein Freund und rief: ›Dona Maria, Dona Maria! Wachen Sie auf! Ein Auto der Polizei hat ihren Sohn mitgenommen! Sie haben ihn geschlagen!‹ Ich sagte: ›Was? Welches Auto?‹ Und er erzählte mir, daß sie seine Ausweispapiere haben wollten. Aber er hatte keine. Sie fragten ihn: ›Wo sind deine Papiere?‹ Und der Junge sagte: ›Ich bin noch minderjährig. Meine Mutter hat noch keine ausstellen lassen.‹ Und da meinten sie: ›Minderjährig? Was? Nicht mal ein Tier läuft so rum wie du! Du Kleisterschnüffler, du ausgekochter Dieb hast noch keine Papiere? Du bist ein schamloser Hascher!‹ Nun, wissen Sie, nicht mal Marihuana hat er geraucht. Das wissen alle. Er konnte ja das Rauchen gar nicht abhaben, weil ich rauche. Nun, schnüffeln das will ich nicht abstreiten. Aber stehlen und solche Sachen, nein! Das hat er nicht gemacht! Er hat gebettelt, klar. Gebettelt hat er. Aber stehlen nicht! Und sie sagten: ›Wir werden dich mitnehmen und dich jetzt umbringen! Wir werden dich töten und verbrennen!‹ Und sie haben ihn mitgenommen, in den Wagen gesteckt und ihn gleich geschlagen...«

Für kurze Zeit ist es still im Raum. Dona Maria hält sich beide Hände vor das Gesicht. Sie weint. Aber mit Tränen in den Augen und mit zittriger Stimme fährt sie fort. Sie schildert das Schicksal vieler lateinamerikanischer Mütter.

»Am nächsten Tag bin ich morgens früh wie verrückt aus dem Haus und da vorne zur Polizeistation gegangen. Aber da ist er nicht gewesen. Sie haben mich zum Kommissariat geschickt. Und als ich da ankam, keine Nachricht. Ich bin noch in ein anderes Kommissariat gegangen, zum *Roubos e Furtos,* zum *Juizado* und ich weiß nicht wohin überall. Ich habe meinen Jungen nicht gefunden. Ich bin verrückt geworden. Und nach ein paar Tagen hat eine Nachbarin zu anderen hier gesagt: ›Dona Maria ist fast verrückt, Leute. Laßt uns mit ihr zum Hauptquartier Santo Amaro gehen, um zu sehen, ob ihr Sohn da ist!‹ Und wir sind gegangen. Als wir ankamen, hat sie mit einem Mann geredet. Und der hat gesagt, daß sie den Körper eines Jungen haben. Mit einer grünen Hose und einem weißen Hemd mit einem Schulnamen darauf. Ja, so ein Hemd hatte er. Er lag schon acht Tage da im Kühlschrank des Leichenhauses. Und meine Nachbarin sagte zu ihm: ›Ich will, daß Sie ihn mir zeigen! Gehen wir!‹ Und sie ging. Ich blieb, bin nicht gegangen. Sie ging und hat ihn gesehen. Dann hat sie mich gerufen und mir gesagt, daß mein Sohn da ist. Ich habe noch gut gesagt, bin stehengeblieben und ohnmächtig geworden. Ich habe diesen Jungen nach acht Tagen im Kühlhaus gefunden! Erschossen und verbrannt! Erschossen und alles verbrannt! Die Arme verbrannt, der Hals, die Seite, alles verbrannt! Die Arme waren ganz verschmort! Bis auf die Knochen! Sie fragten mich da, ob ich eine Beerdigung machen könnte. Ich sagte: ›Nein, das kann ich nicht! Nur Gott weiß, in welcher Situation ich lebe. Ich wasche die Wäsche der Reichen, um meinen Söhnen was zu essen zu geben. Nicht mal einen Vater haben sie!‹ Wir haben ihn später abgeholt. Ich konnte ihn nicht sehen, alles kaputt, eine Kugel im Kopf… Alles trostlos, die Arme des Jungen… Erschossen, verbrannt und alles gebrochen. Er war noch ein Kind. Mit sechzehn Jahren war er doch noch ein Kind! Heute bin ich ohne… Er hatte doch nichts gemacht. Nur da gesessen. Er hat nicht gestohlen, nicht getötet, hat nichts gemacht. Der Junge hat nur da vorne an der Kneipe gesessen und sich unterhalten. Die anderen haben getrunken, und er hat dabei gesessen und sich mit ihnen unterhalten… Seine Mütze hat mitten auf der Straße gelegen. Die Mütze des Jungen. Sie haben sich ihn gepackt, an einen versteckten Ort gefahren und ihn geprügelt. Ach, meine Güte, was ist das für ein Schmerz! Es ist so traurig ... Alles ist verloren für eine Mutter...«

Sie erzählt weiter: »Ich war fertig. Nein, ich bin fertig! Wirklich! Wissen Sie, wenn ich könnte, wäre ich nicht mehr in diesem Haus. Alles fällt herunter. An einer Ecke ist was angebrannt. Die Frauen hier haben mir geholfen, mir etwas Kleingeld gegeben. Aber ich konnte es nicht reparieren. Es fehlte Material. So ist es. Wenn ich Geld hätte, dann wäre es anders. Aber bin ich so eine Frau? Ich habe nur Jesus und die Gerechtigkeit! Sonst nichts!«

Sie kommt auf ihren toten Sohn zurück: »Es war die Justiz, ja, die Polizei, die ihn umgebracht hat. Ja, und dann, vorletzte Woche, sechs Monate danach, kam ein Polizist mit einem Buch und Fotos. Er fragte mich, ob ich auf zwei Fotos meinen Sohn erkenne. Auf einem war er. Und er meinte, sie hätten den Mörder. Da bin ich mitgegangen. Aber als wir ankamen, sagte der Täter: ›Ich habe den anderen getötet, aber Ihren Sohn, Senhora, kenne ich nicht. Das war ich nicht.‹ Der Polizist sagte, daß ich ruhig bleiben sollte. Sie würden rausfinden, wer es war. Er sagte: ›Bleiben Sie ruhig, und sagen Sie keinem etwas, ganz still!‹ Dann habe ich nichts mehr gehört. – Ich bin eine arme Frau. Ich kann nichts machen. Seit dreißig Jahren wasche ich Wäsche. Ach was, viel länger. Als ich klein war, habe ich schon gewaschen. Denn in Caruaru haben wir die Wäsche der anderen gewaschen. Ich kam hierher, weil der Verdienst für meinen Mann dort schlecht war. Und so sind wir hergekommen. Hier habe ich weitergemacht und ein bißchen was verdient. Er ging mit einem Wagen voll Süßigkeiten vor die Markthalle. Eine Karosse voll mit Süßigkeiten, Zigaretten und so. So arbeitete er und ich auch. Später ging er nach São Paulo wegen einer Geschichte, die er mit einer Frau hatte. Das mochte ich nicht. Wir hatten Streit und ich sagte, daß das nicht so weiter geht mit uns. Ich arbeite, gebe ihm das Geld, und er gibt es ihr. Nein, das ging nicht mehr! Aus und vorbei!«

Die Frau ist verzweifelt: »Nur Gott weiß, daß ich keinen habe, der mir diese Kinder erzieht. Eine leidige Situation. Mein Junge, der half. Er brachte Gemüse mit, er gab uns Geld, seinem Bruder und mir. Er half uns. Er ging auf den Markt und verdiente sich etwas Gemüse, ein paar Kartoffeln. Ich wasche die Wäsche für *fünfhundert Cruzeiros* das Bündel. Dieses Bündel hier bringt fünfhundert, dieser Haufen tausend. Und dieser zweitausend. So sind die Verdienste. Aber ich muß diese Arbeit machen!«

In der Hütte liegen große Bündel Wäsche in Bettüchern zusammengeschnürt neben- und übereinander. Die Arbeit einer Wäscherin ist Schwerstarbeit. Aber weil es sehr viele Wäscherinnen gibt, können es sich die Reicheren erlauben, sie so niedrig zu bezahlen, daß gar Waschmaschinen überflüssig werden.

Ich erinnere mich an ein Gespräch vor einigen Tagen. »Das Waschen ist die schlimmste Arbeit der Welt!« klagte eine Wäscherin. »Die schlimmste Arbeit, weil wir uns immer hierhin und dahin bücken müssen. Und müde werden. Ich habe schon keine gesunden Arme mehr. Wenn ich nur irgendwas wasche, werde ich müde. Manchmal falle ich hin. So gesund wie früher, nein, das bin ich nicht mehr...«

Gedrängt hängt die Wäsche an vielen Leinen und Drähten auf dem kleinen Stückchen steinigem Hof. Dona Maria hat einen vollen Arbeitstag. Die Hilfe des zwölfjährigen Sohnes ist mit eingeplant, so daß er die Schule nicht besuchen kann. Holen, bringen und bügeln zählen zum selbstverständlichen Kundendienst.

»Vielleicht sind es gerade 40 000, die ich im ganzen Monat verdiene. Und davon muß ich jetzt Wasser bezahlen, dann das Licht, dann muß ich Gas kaufen, dann die Milch für den Kleinen. Nein, das reicht nicht! Es reicht nie! Es gibt Tage, da werde ich wahnsinnig...«

Ihre Wasser- und Stromrechnung beträgt 6 000 im Monat. Eine für einen Monat reichende Gasflasche 8 000. Ein Liter Milch 500...»Ich habe diese zwei Kinder und keinen Mann mehr. Und wenn ich diesen Fall vor Gericht bringen sollte... Nein, ich habe Angst. Denn es kann sein, daß sie mich dann packen. Sie kommen und nehmen mich mit. Das ist meine Angst... Ich weiß nur, daß ich meinen Sohn verloren habe. Sie haben ihn getötet!«

Verfolgt von den grünen Hühnern

Ein paar sind geschnappt worden

An den Cais de Santa Rita ist es zu heiß geworden: Schlägereien, Polizeiübergriffe, Messerstechereien. Besonders Frauen, die mit ihren Kindern tagsüber betteln, haben sich unter die Straßenbrücke bei der alten portugiesischen Festung verzogen. Da die Kleisterschnüffler unter der Brücke nicht gern gesehen sind, bleiben sie an den Kais.

Einige kochen an der Flußmauer Reste, die sie aus den Abfallkübeln der Restaurants gefischt haben. Ein bißchen Bohnen, ein wenig Reis. Das Feuerchen brennt mitten in einem ausgedehnten Müllhaufen vor der Mauer. Sie wühlen nach Brennmaterial, durchwühlen den Müll im Schein der flackernden Flammen.

Das Meer ist ruhig. Ein klarer Himmel. Die Ebbe legt eine Unmenge Unrat unten am Rande der Mauern frei.

Zwei neue sind aus der FEBEM ausgerückt. Genießerisch und ruhig schnüffeln sie an Plastikflaschen. Dafür sind drei eingelocht worden. Der *Juizado* hat sie vor der Capella Dourada am gestrigen Abend, als Messe war, geschnappt. Auch China ist nicht mehr aufgetaucht. Morgen werde ich zum *Juizado* gehen und sie besuchen.

Da Polizisten einem der Jungen Kleister über die Haare gekippt haben, mußten die andern sie ihm abschneiden. Nun läuft er mit einem kahlen Kopf herum.

Christina erzählt, daß die Mutter sie geholt hatte. Aber sie ist wieder abgehauen. Auch Sandra hatte zwei Tage zu Hause verbracht. Vilma war mit ihr gegangen. Sandras Fingernägel sind lackiert, und sie hat sich Schminke auf die Lider gesetzt.

Simone und Christina haben ihren Schlafplatz hinter die Lagerhalle verlegt. Als sie sich verziehen, wollen sie mich mitnehmen. Vilma bleibt mit Sandra und den anderen an der gewohnten Stelle. Als wir um die Halle biegen, ruft eine Frau hinter uns her. Es ist Fatima, eine Prostituierte, die sich zusammen mit ihrer Gefährtin Pelé von den Männern für einen Zuckerrohrschnaps oder ein Sandwich kaufen läßt.

Fatima und Pelé leben zusammen. Pelé hatte mir, als wir allein waren, erzählt, daß sie sich beide einmal sehr gemocht hätten. Heute aber schlägt Fatima sie. Fatima ist oft betrunken, und das macht Pelé Angst. Aber ohne sie zu leben, geht auch nicht. Vor Tagen noch hatte Pelé mich um Hilfe gebeten und an die Kais geholt. Fatima krümmte

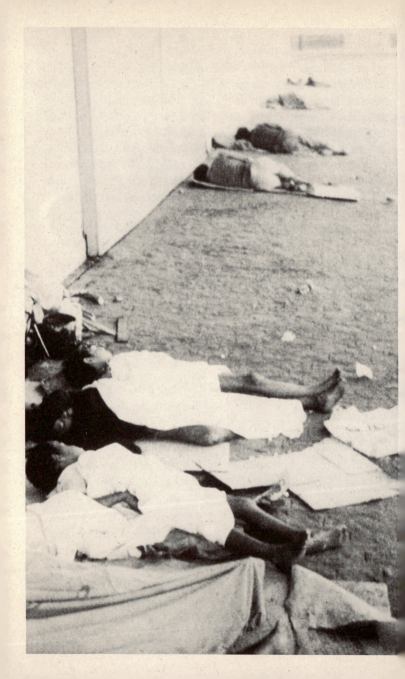

sich vor Schmerzen auf dem nackten, nassen Boden an der Hallen-
wand. Von einem Pfuscher in irgendeinem Hinterhaus im Viertel Rio
Branco hatte sie abtreiben lassen. Es stach wie verrückt in ihrem
Unterleib.

»Simone!« ruft Fatima. Simone schaut sich um. Fatima bleibt
stehen.

»Ja, Mutter«, antwortet Simone. Ihre Mutter geht weiter auf sie zu.
Aber Simone macht zwei Schritte zurück.

»Wo bleibst du?« Fatima hält an.

»Auf der anderen Seite!« Simone dreht sich um.

Ein trauriger, aber kurzer Blick folgt ihr. Fatima macht kehrt und
geht mit Pelé über den Busbahnhof auf einige kleine Stände zu, die
Batida* verkaufen.

Wir überqueren die breite Straße zwischen den Hallen. Der
gesamte Verkehr aus dem südlichen Recife passiert diese Straße in
die Innenstadt. Auf der Verladerampe einer Halle dahinter haben
sich ein Mann, zwei Frauen und mehrere Kinder niedergelassen.
Eine der beiden Frauen ist Vilmas Mutter. Jetzt ist klar, warum Vilma
nicht mitkommen wollte. Der Mann steht auf und macht Anstalten
zu gehen. Vielleicht mag er vierzig oder fünfundvierzig sein. Er ruft
Simone mit einem Fingerzeig zu sich und fragt, ob sie heute abend
hier auf der Rampe schläft. Simone bejaht und wendet sich wieder
uns zu. Er geht über die Brücke zur Insel Recife.

»Wir waren heute in Afogados auf dem Markt«, erzählt Simone.

»Wie seid ihr dort hingekommen?« frage ich sie.

»Na, mit dem Bus!«

»Und wie machst du das, wenn du die Aufschriften nicht lesen
kannst?« frage ich, weil mir das noch immer ein Rätsel ist.

»Ich kenne sie. Ich kenne den Bus, behalte es im Kopf. Wir wissen,
wo er abfährt und welche Farbe er hat.«

»Aber es gibt doch viele gleiche Busse!« erwidere ich.

»Ja, aber wir kennen sie. Wir wissen, wie sie aussehen!«

»Und wenn du unsicher bist? Was machst du dann?«

»Dann frag ich die Leute auf der Straße, die Leute an der Haltestelle.«

---

* Getränk aus Zuckerrohrschnaps, Fruchtsaft und Zucker

Wenn Simone, Sandra, Christina und Vilma im Bus mitfahren können, dann haben sie besonderes Glück. Oft werden sie beschimpft und vom Kassierer wieder hinausgejagt in der Angst, sie könnten die Fahrgäste bestehlen.

Die Jungen haben es schon aufgegeben, auch nur den Versuch zu machen, einzusteigen. Wenn die Busse halten, setzen oder stellen sie sich hinten auf die Stoßstange und halten sich an den Fensterrahmen fest. Manchmal fahren von hinten andere Busse so nah an sie heran, daß sie fast eingequetscht werden. Dennoch! So haben sie die Möglichkeit, sogar an Ampelkreuzungen auf- und abzusteigen. Nur wenn Polizei in der Nähe ist, müssen sie Leine ziehen und oft sogar in gefährlichen Situationen abspringen.

Die FEBEM

Das Vorhaben, China und die anderen im *Juizado* zu besuchen, scheitert. Besuchszeiten sind nur an Sonntagen. Außerdem seien die Jungen bereits in die Jugendanstalten der FEBEM in und außerhalb der Stadt gefahren worden. Senhor Ferreira, ein bulliger Wärter, steht vor Demetrius und mir und weist uns freundlich, aber bestimmt ab.

Wir sind genervt: Erst läßt er uns warten, dann werden wir zur gleich nebenan liegenden Jugendpolizei geschickt, in deren Räumen die Kinder oft Prügel beziehen. Die schicken uns nach langem Überlegen wieder zurück. Wir warten von neuem, während Senhor Ferreira an einem anderen Wärter vorbei durch eine kleine Stahltür in den Innenhof des ehemaligen Gefängnisses geht, um nach einer halben Stunde mit einem Kopfschütteln zurückzukommen.

Demetrius ist hier unerwünscht. Ohne Zweifel. Seine Vorstellungen von Sozialarbeit mit Kindern haben nichts mit Einsperren oder Kasernieren zu tun. Für die Verantwortlichen der staatlichen Jugendpolitik ist er ein Spinner, ein Tagedieb, ein Kommunist...

Am Sonntag darauf fahre ich zur angegebenen Besuchszeit in ein Kinderheim der FEBEM, das in einem Vorstadtviertel liegt. Das Gebäude ist noch neu. Aber es ist nicht gerade schön oder phantasievoll gebaut. Eher wurde das Notwendigste kostensparend errichtet. Von außen scheint alles normal.

Der Eintritt, die Eingangshalle, alles ist nicht unfreundlich. Bilder hängen an der Wand. Der Präsident. Der Gouverneur. Ich gehe einen Gang entlang, biege nach rechts und dann nach links ein. Es kommt ein Eingang zum Hof. Ein älterer Mann sitzt vor einer Gittertür. Jungen stehen dahinter.

»Hallo, Padre!«

»Kommst du uns besuchen?«

»Hast du was mitgebracht?«

»Süßigkeiten?«

Bekannte Gesichter drängen sich an das Gitter. Drei ältere Jungen schieben die anderen zur Seite, als ich eintreten will. Und schon ziehen mich die anderen auf ein kleines überdachtes Sportfeld mit Zementboden.

Zwei Aufseher schieben sich gegenseitig einen Ball zu. Kinder versuchen einzugreifen. Die meisten stehen, sitzen oder liegen aber am Spielfeldrand und auf einer kleinen Betontribüne. Etwa fünfzig Jungen lassen sich lasch hängen, als wären sie hundemüde. Sie reden nicht. Ein paar hocken da und spielen mit ihren Zehen. Andere schlafen. Wieder andere schauen sich um, blicken auf die Gittertür, die Mauer, den Himmel. Es scheint, als sähen sie ins Nichts hinein.

Wir setzen uns auf den warmen Beton. Auf die umliegenden zweieinhalb Meter hohen Mauern im Hof ist ein zwei Meter hoher Drahtzaun gesetzt. Am oberen Rand ist Stacheldraht gezogen. Dahinter liegen Fabriken, die durch bewaffnete Wächter gut beschützt sind.

Die Schlafräume dürfen tagsüber nicht betreten werden, sagen die Jungen.

»Am Tag bist du nur hier draußen.«

»Die Schlafräume haben vier Betten aus Beton auf jeder Seite...«

»...da liegt deine verpißte Matratze drauf!«

Schränke brauchen sie nicht, weil sie außer der Anstaltskleidung nichts besitzen.

Morgens um vier oder fünf Uhr wird aufgestanden und der Reihe nach geduscht. Nach dem Frühstück ist Schule. Aber: »Schule ist nur malen, Sport und beten«, murrt ein Junge. »Ich habe hier bisher nichts gelernt!«

Vor zwei Monaten ist der Elfjährige beim Autoknacken erwischt worden. Dann hat er fünfzehn Tage im Gefangenenzimmer gesessen.

Der Kontakt zu Kindern in diesen Zimmern ist strengstens verboten. Aber dennoch führen sie mich die Wand vor den Zimmern entlang. Kleine Öffnungen sind in die Mauern eingelassen, gerade passend, um die Hand hindurchzustecken. Wir schlendern, unterhalten uns und bewegen uns auf die Öffnungen eines Gefangenenzimmers zu. Dann sehen wir hinein. Acht Jungen hausen in einem kleinen Raum mit ein paar Betonbetten. Unter ihnen entdecke ich China. Seit drei Tagen sitzt er hier drin.

»Holst du uns Zigaretten und was zum Naschen?«

Es stinkt nach Urin. Und erst jetzt bemerke ich, daß ich auf der kleinen Grasfläche an der Wand mitten im Nassen stehe.

Ein Wärter kommt um die Ecke des Hauses. Wir wenden uns ab. Grimmig schaut er noch zu uns hinüber, während wir schon zur Sportfläche zurückgehen.

»Warum pinkeln sie durch die Löcher?« frage ich die anderen.

»Weil die Aufseher die Tür nicht öffnen!«

»Manchmal muß die Scheiße ins Handtuch oder in Papier gewickelt werden.«

»Das ist ja wie in der *Cafua* beim *Juizado!*« sage ich.

»Nein, *Cafua* ist schlimmer«, entgegnet ein Junge. »Da ist es wirklich dunkel drin. Du schläfst auf dem kalten Boden. Du kackst und pißt, ohne daß sie dich rausholen.«

»Wie ist das mit den Strafen hier?« frage ich, und einer der Jungen antwortet leise: »Der Direktor hat eine Peitsche, und damit schlägt er auf die Hände. Aber sie schlagen auch mit den Händen und Fäusten. Ins Gesicht und auf den Rücken.«

Er schaut sich um, bevor er weiterredet: »Und dann wirst du von den Großen geschlagen. Nachts machen sie Schweinereien mit dir. Drei, vier packen sich einen Kleinen.«

»Wollt ihr abhauen?«

»Na klar!«

»Wenn eine gute Gelegenheit kommt, dann zieh ich hier ab. Morgens ganz früh ist es am besten.«

»Aber wie denn?« Ich denke an die Mauern und den Stacheldraht.

»Hinter den Schlafsälen ist ein guter Ort. Da sieht dich keiner. Aber dahinter ist es schlecht. Du mußt durch einen Sumpf hindurch...«

Es schellt. Drei Uhr. »Imbiß!« ruft einer der Aufseher. Zwei andere kommen hinzu. Die Kinder müssen sich in Reih und Glied aufstellen. Säuberlich vom Kleinsten bis zum Größten.

Ein Junge wird von einem Wärter in den Rücken geboxt. Dann dreht er ihm die Ohren um. Der Junge schreit, aber der Mann hört nicht auf. Ein anderer geht schnellen Schrittes auf ihn zu und redet leise, aber mit strengem Gesicht auf ihn ein. Der Junge wird losgelassen. Er weint. Verstohlen blicken die Aufseher mich an, während sie mit einem Stock in der Hand die Reihen ordnen. Einigen klopfen sie auf die Schulter. Jeder Junge hat seine linke Hand auf die Schulter des nächsten zu legen. Der rechte Arm liegt gerade am rechten Bein. Die Beine stehen stramm zusammen.

»Lockern!« Ein Schrei gellt über den Hof. Alle setzen das linke Bein zur Seite und lassen den linken Arm fallen.

»Strammstehen!« Die anfängliche Haltung wird wieder eingenommen.

»Lockern!«

»Strammstehen!«

»Lockern!«

Die Aufseher gehen durch die Menge von hundert Jungen und prüfen die Haltung, fahren mit ihren Stöcken zwischen Beine und stoßen an Schultern.

»Wie ist unsere Parole?« gellt es wieder.

»CRT-FEBEM!« schreit die Menge den Namen der Einrichtung. Und in einzelnen Trupps marschieren sie zur Küche, um sich die Nachmittagsration zu holen: eine Tasse Tee.

Júcelio auf Streifzug

Die nur zweihundert Meter lange Avenida Guararapes ist die Achse des geschäftlichen Treibens. Hier befinden sich Hauptpost, einige große Banken, Flug- und Touristenbüros. Und hier auf dem nördlichen Teil der vom mündenden Fluß Capibaribe umflossenen Insel Santo Antonio entstand im 16. Jahrhundert die Haffsiedlung Recife. Jetzt befindet sich hier das Zentrum mit dem Altstadtviertel von

São José. Von der Avenida Conde da Boa Vista auf der anderen Seite des Flusses rollen die Busse tosend und klappernd über eine Brücke in die Guararapes. Quietschend bremsen sie an den Haltestellen. Oder biegen am Ende der Straße links oder rechts in die Avenida Dantas Barreto ein.

Ein Gewimmel von kleinen und großen Straßen, mit unzähligen Haltestellen übersät, breitet sich über die nördliche Spitze der Insel wie ein Spinnennetz aus. Und in diesem Spinnennetz hasten die Kinder der Lagerhalle 18 am Tag auf der Suche nach einer Gelegenheit zum Klau hin und her. Ständig gehetzt von Knüppeln der Militärpolizei. Dennoch geben sie ihr Revier nicht auf. Es ist ihre einzige Chance, zu überleben.

Montagnachmittag. Während ich an einem Ende der Guararapes die Straße überquere, biegt am anderen ein Junge aus der Dantas Barreto ein. Mitten auf der Fahrbahn rennt er, sich umschauend, die Straße entlang. Ein Bündel langes, gefärbtes Trockengras hält er in der Hand. An einem haltenden Bus stoppt er.

Es ist Júcelio. Er bietet das Gras den Passagieren durch die geöffneten Fenster an. Er macht es den Popkorn- und Eisverkäufern nach. Nichts! Keiner hört zu. Er wedelt mit dem Gras noch einmal an den Fenstern entlang. Aber dann gibt er auf und dreht sich um. Er wirft das vergeblich angepriesene Zeug in die Luft.

In diesem Moment sieht er mich auf der Verkehrsinsel stehen und kommt auf mich zu. Sein Freund Sérgio taucht plötzlich an einer Ecke auf und kommt zu uns herüber. Als ob sie sich hier treffen wollten. Ein dritter Junge mit nur einem Arm steht ebenso überraschend bei uns.

Während wir uns begrüßen, fährt unversehens, ohne daß wir es merken, ein weißer VW-Bus langsam an einer Seite vorbei. Er hält zwei Meter schräg vor uns. An der Seite und im Heck des Wagens sind kleine Fenster mit Gittern versehen. Für Sekunden tut sich nichts. Aber wir werden durch den Rückspiegel beobachtet. Ich sehe auf eine kleine Aufschrift an der Fahrertür: *»Juizado do Menor«!*

Den Jungen fährt ein Schrecken durch die Glieder, als sie die Gefahr erkennen. *»Der Juizado!«* platzt es gleichzeitig aus ihren Mündern heraus. Und im selben Moment wetzen sie bereits davon. Jetzt fährt der Bulli weiter. An einer Straßenecke schauen sich die Jungen noch einmal um. Ich mache eine Handbewegung: Treffen uns in der nächsten Straße wieder!

Zehn Minuten später sitzen wir auf einem kleinen Rasenstück am Rio Capibaribe. Júcelio und Sérgio ziehen ihre Flaschen mit Kleister vorne aus ihren Shorts. Dort haben sie den Kleister immer, wenn sie Gefahr wittern. Júcelios Diebstahl von gestern abend hat soviel eingebracht, daß sie sich nicht nur Kleister kaufen konnten. Sogar ein paar kurze Hosen sind dabei herausgesprungen.

»Wie hast du das gemacht?« frage ich den elfjährigen Jungen.

»Ich habe es einer Frau abgenommen. Es war auf der Guararapes. Sie hat ihr Geld gezählt, und da hab ich es genommen.«

»Hast du sie beobachtet?«

»Ja, ich hab sie mir angesehen. Eine Halskette hab ich mir auch genommen...«

»Wie das?«

»Na, genommen! Du springst sie an, ziehst ab und läufst... Puh, da bin ich schneller gelaufen als ein Auto!«

»Und was hast du damit gemacht?«

»Ich hab sie einem Schwarzen verkauft.«

Ein Junge geht auf dem Bürgersteig vorüber und zieht ein Auto mit einem Plastikpferdchen drin hinter sich her. Júcelio springt auf, hüpft ihm nach und lupft das Pferdchen aus dem Auto. Der Junge dreht sich um und sieht ihn an. Júcelio wendet sich zu mir und lächelt mich an. Ich lache nicht, und er gibt das Pferdchen zurück.

»Bestiehlst du auch die Armen?« will ich wissen.

»Nein, die Armen nicht!«

»Warum?«

»Weil die kein Geld haben!«

»Du hast also Mitleid!«

»Nein!« sagt er. »Ich habe mit keinem Mitleid. Wer Mitleid hat, das sind die Hühner. Nur die Hühner haben Mitleid!«

Wir machen uns auf und gehen durch die Straßen zum Marktviertel. Júcelio ist guter Dinge, weil er geschnüffelt hat. Er spricht die Leute an, fragt nach einer Zigarette, bettelt um ein Almosen und schnüffelt weiter an seiner Flasche. Abwechselnd läßt er sie unter sein Hemd oder in die Hose gleiten. Immer dann, wenn wir an eine Straßenecke kommen.

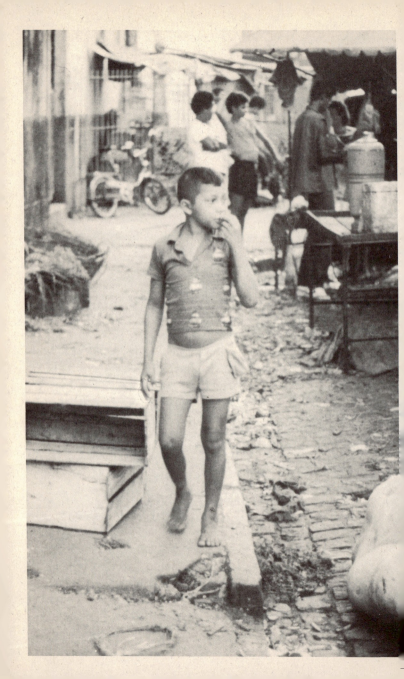

»Welche Kinder auf der Straße sind besser? Die, die stehlen, oder die, die arbeiten?«

»Die, die Geld stehlen«, antwortet Júcelio gelangweilt.

»Kennst du eigentlich welche, die arbeiten?«

»Nein, kenne ich nicht.«

»Aber bestiehlst du sie?«

»Weißt du, wenn ich Lust habe, dann ... dann bitte ich sie um ein Eis. ›He, gib mir mal!‹ Ich leg meine Hand auf seine Kiste.«

»Und? Gibt er dir eins?«

»Ich pack mit der Hand da rein und nehme es mir.«

»Und was macht er dann?«

»Gar nichts! Wenn, dann setzt es was. Dann kriegt er eins drüber!«

An der Dantas Barreto gehen Júcelio und Sérgio einige Imbißstände ab und strecken träge ihre Hände aus. Sie streifen damit über die Waren auf den Tischen. Sie grüßen die Leute, aber keiner beachtet das. Auf ihre Hände richten sich die Blicke. Nur schleppend bewegt sich Sérgio voran. Seine Augen sind untersetzt und die Wangen darunter angeschwollen.

Wir gehen in das Marktviertel der Altstadt mit seinen kleinen Straßen und Gassen. Rechts eröffnet sich ein leerer Platz, gleich hinter den ersten Häusern. Dann folgen in der Gasse Stand an Stand. Hier ist keine Auslage vor Júcelio sicher. Wieder spricht er die Menschen an: »He! Na, wie geht's?« – »Mal gucken, was es hier gibt ...«

Es scheint, als wenn sie nicht auf ihn achten. Das ist der Moment zum Zupacken. Er greift zu und geht ruhig weiter. Aber der Händler hat es doch gemerkt. Und ehe Júcelio sich versieht, setzt es eine dicke Ohrfeige.

Plötzlich zischt ein kleiner Junge, kaum sieben Jahre alt, aus der drängenden Menge hervor. Ein Mann hetzt hinter ihm her. »*Ladrão! Ladrão!*« schreit er. »Ein Dieb! Haltet den Dieb!«

Flink rennt der Kleine durch ein Geschäft hinter den Ständen, dann wieder hinaus über den Platz, um auf der anderen Seite erneut in der Menge zu verschwinden. Der Mann, der um seine Brieftasche erleichtert worden ist, gibt auf. Der kleine Dieb war zu fix, als daß Passanten und Militärpolizei ihn hätten erwischen können.

Júcelio hatte in der Windeseile, in der alles geschah, ein Stück Speck unter sein Hemd gesteckt. Ein anderer Händler, der das sah, hält ihn fest. Und schon kommt der Beraubte an und stürzt sich auf ihn. Er packt Júcelio fest am Hals, schüttelt ihn und will ihn der Militärpolizei übergeben. Ich greife ein. Alle Blicke richten sich auf mich. Wir streiten uns um den Preis des Speckstücks, das nicht viel kosten kann. Doch der Händler wittert sein Geschäft. Da Júcelio und Sérgio bereits verschwunden sind, ziehe ich mich geflissentlich aus der Situation.

Nach einigen Metern stehen die beiden Jungen wieder neben mir. Sie hatten in einem Hauseingang gewartet. Und Júcelio läßt nicht locker, palavert herum, grient die Leute an, schwenkt seine Kleisterflasche, schaut den Verkäufern in die Augen und greift mit zielsicherer Hand in die Waren.

Baff, ein kräftiger Tritt in den Hintern ist die Ernte.

»Ja, ja, ist ja gut!« Er läßt sich einen Kamm aus der Hand nehmen.

»Zieh bloß ab!« ruft ihm der Verkäufer nach.

Dennoch hört er nicht auf. Einmal muß es und wird es klappen.

»Alle Straßenmädchen machen das«

Am nächsten Nachmittag sitzt Júcelio mit zwei Freunden in der Busgarage am Markt und blättert in alten zusammengesuchten Zeitschriften. Einer der anderen ist Severino. Vor sieben Jahren ist er aus einem Ort der rauhen *Agreste**hierher gekommen. Heute ist er vierzehn Jahre. Seine Eltern waren arme Kleinbauern inmitten eines Landstriches, der immer mehr von den großen Viehzüchtern beherrscht wird. Das karge, aussichtslose Leben, das die Familie plagte, hat ihn vertrieben. Armut führt leicht zu Streit. Und dabei hat er ständig Prügel bezogen. Also ist er gegangen. Er ist nach Recife gezogen und hat seine Eltern nie wieder gesehen.

Júcelios Haare sind voller getrocknetem Kleister. Zwei Polizisten haben ihn gestern abend gefaßt, ungefähr fünfzehn Schläge verpaßt und ihm den Klebstoff genüßlich über den Kopf gestülpt. Nun will er die Haare geschnitten bekommen.

---

* Landstrich zwischen dem fruchtbaren Küstengürtel *Zona da Mata* und dem trockenen *Sertão*

Der elfjährige Dinho lacht über eine witzige Anzeige in einer Zeitung. Weit ziehen sich seine Mundwinkel auseinander. Er lacht sich so krumm und schief, wie man nur kann.

Dinhos linkes Bein hat eine lange und breite, schlecht verheilte Schnittwunde am Oberschenkel. Die Knie sind aufgerissen. Und von einem Knie bis zum Hacken erstreckt sich eine große, wie von einer Verbrennung stammende Wunde. Er sei vor ein Auto gelaufen, erzählt er.

»Zeig mal den Bauch und den Rücken!« fordert Júcelio ihn auf, ohne dabei den Blick von den Fotos in den Zeitschriften zu wenden. Doch Dinho blättert weiter.

Júcelio schaut auf. »Sie haben ihn gepackt, weil er 'ner Frau fünftausend abgenommen hat. Dabei hat ihn der Mann geschnappt und ihm seine Zigarette auf die Haut gedrückt. Überall!«

Wieder lacht Dinho laut. Aber nicht über ein Foto. Er tut so, als wenn es ihm nichts ausgemacht hätte. Aber er grinst etwas verlegen, so, als wenn er nicht gern daran erinnert wird.

Die drei denken sich ein Spiel auf. Sie suchen unter den Anzeigen nach den besten Autos, den besten Vätern und den besten Frauen.

»Welche könnte denn die beste Mutter sein?« frage ich am Ende.

Keiner reagiert.

Ich frage noch einmal.

»Nein, nein«, entgegnet Júcelio und blättert eifrig weiter, »die beste Frau suchen wir, die beste zum Ficken.«

Ich lasse nicht locker, aber sie winken schließlich ab: »Die beste Mutter kann man sich nicht aussuchen!«

»Wie ist das eigentlich? Seid ihr denn schon mit Mädchen zusammen?« komme ich auf ihr Thema zu sprechen.

»Zusammen? Meinst du ficken? Ja, ich ficke sie!« antwortet Júcelio.

»Wen?«

»Mädchen, Frauen, ganz egal...«

Júcelio sagt das ganz nebenbei, ohne sich stören zu lassen.

»Welche Mädchen?« will ich wissen.

»Einen Haufen! Sandra, Simone, Vilma...«

»Und? Gibst du ihnen was?«

»Ich gebe ihnen, was ich habe. Wenn ich Kleister habe, gebe ich Kleister. Oder ich gebe Geld.«

»Wieviel?«

»Wenn ich zehntausend habe, würde ich ihr zweitausend geben. Fertig!«

»Machen das alle Mädchen?«

»Na klar! Alle Straßenmädchen machen das!«

»Sie ziehen uns ins Dunkle«

Am frühen Abend, nachdem die Suppe verteilt ist, kommen zwei ältere Mädchen herein. Sie wollen sich von mir verarzten lassen. Militärpolizisten hatten sie gepackt, beschimpft und geschlagen. An Armen und Beinen haben sie Wunden. Die Männer haben sie auf das Pflaster gestoßen. Und sie haben ihnen gedroht, daß sie sich nicht mehr vor ihren Augen blicken lassen sollen. Die Mädchen zittern am ganzen Körper.

Jaçira Branca, die weiße Jaçira, hört zu. Sie erzählt, daß sie das schon oft erlebt hat. Die Polizisten nutzen die Prostituierten aus, wo es nur geht, sagt sie. »Sie ziehen uns ins Dunkle, und wer nicht will, wird geschlagen wie verrückt. Aber auch wenn wir mitmachen, schlagen sie uns. Und du darfst nicht in ihrer Nähe auftauchen ...«

Jaçira Branca hat ihre Familie mit dreizehn Jahren verlassen, um in einem Haushalt als Dienstmädchen zu arbeiten. Dann wurde sie von den Männern im Haus ausgenutzt. Sie ist auf die Straße geflohen, in der FEBEM gelandet und immer wieder ausgebrochen. Und eines Tages wurde das Prostituiertenviertel Rio Branco ihr letzter Ausweg.

»Sie haben ein Auge auf dich«, meint Graça. »Wer vor ihnen auftaucht, wird geschlagen, mitgenommen. Ohne daß wir was tun! Sie sagen: ›Zieh bloß ab aus meinem Revier!‹ Oder: ›Weg! Ab! Alle weg hier!‹ So sagen sie es. Und dann wollen sie dich zum Ficken haben.«

Am Abend spazieren wir noch gemeinsam durch die Straßen der Innenstadt. Auf der Dantas Barreto kringelt sich eine große Schlange mitten auf der Fahrbahn. Ein Mann versucht, sie mit einem Stock in eine Kiste zu schieben. Gespannt warten wir, bis er es geschafft hat. Dann gehen wir auf den Praça da Independência, den Unabhängigkeitsplatz. Eine Gläubigersekte predigt begeistert: »Kehret um!« Aufmerksam und ehrfürchtig lauschen einige Mädchen.

Auch hinter den Camelôs sind sie her

Ein wildes Schreien und Rufen bricht unverhofft an der Kreuzung zwischen Dantas Barreto und Guararapes aus. Wie in Aufruhr strömen die Verkäufer plötzlich in alle Richtungen. Männer, Frauen und Kinder halten ihre kleinen notdürftigen Tischchen aus Kisten und Kästen mit der Auslage ihrer Angebote vor sich in den Händen und rennen. Sie laufen kreuz und quer über die Fahrbahn, ohne auf den Verkehr zu achten. Sie verschwinden stolpernd in Gassen und Hauseingängen.

»*Lá vem ela!*« – »Da kommt sie, die *Camionette!*« ruft es die Straßen entlang. Ein kleiner offener Lieferwagen, halb gefüllt mit einigen Kisten und Klapptischchen, fährt um eine Ecke. Zwei Männer sitzen im Führerhaus, zwei auf der Ladefläche. Von Menschen mit ihren Bauchläden umringt hält er an einer Bushaltestelle hinter einem Polizeiauto. Drei Militärpolizisten halten einen Mann fest, sein kleiner Tisch mit der Erdnußauslage wird auf die Ladefläche gehoben. Sie notieren seine Personalien.

Ein paar Meter weiter sammelt ein Junge versprengtes Popkorn von der Straße. Ein Bus naht, und er muß zur Seite springen. In der Hetze hatten ihn die eilenden Menschen umgerannt, und der mit Popkorntütchen gefüllte Karton war aus seinen Händen auf den Boden gefallen. Nun liegt der Großteil seiner Habe unter den Rädern des Busses, der gerade vor ihm hält. Regungslos steht er davor und schaut auf die verlorene Ware. Leute schieben ihn an die Seite, um in den Bus zu steigen.

Die Maßnahme der Stadtverwaltung, durchgeführt mit Hilfe der Militärpolizei, kann einen Erfolg verbuchen: »Am unteren Ende der Avenida Dantas Barreto einen Erdnußverkäufer ohne Lizenz gefaßt.« Überrumpelt steht der Mann inmitten der schweigenden Menge. Kalt blickt er in die Gesichter der Polizisten. Mit einem Schlag wurde ihm die Lebensgrundlage entrissen.

Als die Wagen wieder anfahren, schimpft ein anderer aus vollem Halse auf die Stadtverwaltung und Regierung: »In diesem Land darfst du nichts! Du darfst nicht reden! Du darfst nicht arbeiten! Und zu allem Übel: Du darfst nicht mal richtig wählen! Denn das machen sie alles unter sich aus.« Von anderen kommt Zustimmung.

Ich frage ihn, ob er denn eine Lizenz besitzt.

»Nein! Woher auch? Hier hat keiner eine Lizenz, weil sie keine herausgeben!«

Verärgert, grimmig und scheltend erscheinen die Verkäufer nach und nach aus den Ecken und Winkeln und bauen ihre kleinen Stände wieder auf. Minuten später halten Lieferwagen und Polizeiauto erneut auf der Guararapes. Alltag in Recife.

Tag um Tag begeben sich die *Camelôs,* die kleinen Straßenhändler, in diese Gefahr. Wenn sie aus den oft weit entfernten Elendsvierteln schon früh morgens in die Stadt fahren, um sich und ihrer Familie das Überleben des nächsten Tages zu sichern, dann sind sie sich gewiß, daß sie jederzeit Opfer der unmenschlichen und unnachsichtigen Politik der Stadtverwaltung werden können.

Das Häuschen der grünen Hühner

In einer Ecke des Unabhängigkeitsplatzes steht seit Monaten ein Wohnwagen der Militärpolizei. Ein feister, stämmiger, mitdreißiger Hauptmann sitzt drinnen am offenen Fenster, notiert immer etwas in einem Heft und gibt seine Befehle an die ausnahmslos zu zweit in den Straßen- und Gassenabschnitten patrouillierenden Militärpolizisten.

Die Straßenkinder bezeichnen sie mit *Corme,* ein zusammengefügtes Wort der Namen der Zwillingsheiligen *Santo Cosme* und *Demião.* Oder sie nennen sie die *Samanga,* eine Abwandlung des Namens eines besonders gewalttätigen Polizisten. Aber sie haben auch andere Bezeichnungen. Sie heißen *Galinha verde,* die grünen Hühner, nach der Farbe ihrer Uniformen, oder auch *Cabeça de Pica,* was soviel bedeutet wie Pickelhaube oder Pickelkopf, weil alle Militärpolizisten einen Helm tragen. Aber die Straßenjungen meinen damit auch die Eichelspitze ihres Pimmels. Und die einfachen Soldaten sind für die Kinder *Abacate de Governo,* die Avocados der Regierung.

Der Wohnwagen ist das »Häuschen«. Und die Angst ist groß, in das »Häuschen der grünen Hühner« auf dem Praça da Independência zu kommen. Seit Wochen wird an den Kais immer häufiger darüber geredet.

Es ist Mitte September, die lange, manchmal kühle Regenzeit ist vorüber, und wir sitzen an der Lagerhalle 18 unter einem klaren Sternenhimmel. Tagsüber sieht man bereits wieder mehr Touristen im »brasilianischen Venedig«, wie die Stadt wegen der weit verzweigten Mündungen vieler kleiner Flüsse vor allem in Reiseprospekten angepriesen wird.

Unter dem überdachten Hallenstück ist es fast leer. Nur einige wenige Versprengte warten schon auf den nächsten Tag. Unter Plastiksäcken und durchlöcherten Decken liebt sich ein Pärchen.

Júcelio nimmt Vildo den Kleister aus der Hand.

»Sie haben mich heute gepackt! Gegen Mittag! Weil ich einer Frau eine Uhr abnehmen wollte.«

»Hast du sie denn genommen?« frage ich.

»Nein! Ich wollte sie ja gerade nehmen. Da packen mich die grünen Hühner und halten mich fest. Fünfzehn Schläge haben sie mir verpaßt. Auf den Kopf, an die Beine, überall hin. Und dann haben sie mir wieder den Kleister über den Kopf gekippt.«

Um die Mittagszeit hatten sie ihn in den Wohnwagen gebracht. In eine nicht einmal einen Quadratmeter große Toilette wurde er gesteckt. Vildo, Deni, Severino und drei andere schwitzten bereits seit längerem dort drinnen. Später kamen zwei weitere dazu, und die hatten das Gefühl, einzugehen. Nur sieben kleine Löcher lassen ein bißchen Luft zum Atmen in das stickige Dunkel des klitzekleinen Verlieses.

Severino sagt, daß sie übereinander gelegen hätten. Alles wäre so eng gewesen. Keiner konnte sich richtig bewegen.

»Um sechs Uhr abends bin ich da rausgekommen«, fährt Júcelio fort. »Und ich wäre beinahe erstickt. Wirklich! Du kommst total naß raus.«

»Und dann?« frage ich.

»Und dann hat der Mann mir noch mal Schläge verpaßt!«

»Haben sie dir wenigstens was zu trinken gegeben?«

»Quatsch! Nichts! Sie haben mir meine 2 500 abgenommen!«

»Ich war ganz kaputt, als ich da raus kam«, meint auch Vildo. Der Dreizehnjährige hat sechs Stunden in der Toilette verbracht. Er sieht vollkommen geschafft aus.

»Plötzlich hielt der schwarzweiße Kombi vom ersten Distrikt neben mir«, erzählt er. »Es ging ganz schnell! Ein großer Dicker in

Zivil hat mich hinten in den Wagen gezogen und ausgequetscht. Ich sollte das Geld rausgeben. Aber ich hatte nichts. Er sagte: ›Gib mir das Geld, was du gestohlen hast!‹ Und dann sagte er, ich soll fünftausend zahlen. Und danach bin ich im Häuschen gelandet.«

Vildo zittert noch.

»Wo sind eigentlich die anderen?« frage ich. »Die Mädchen?«

»Sandra, Simone und Vilma sind vom *Juizado* gepackt worden.«

Williams und Aldo, die vor ein paar Tagen aus der FEBEM geflohen sind, haben das am Nachmittag gesehen.

»Christina ist abgehauen!«

Die beiden elfjährigen Jungen sind nur mit zerrissenen kurzen Sporthosen und Unterhemden bekleidet. Dünn und kraftlos wirken sie, denke ich. Aber im alltäglichen Überlebenskampf beweisen sie ihre zähe Ausdauer, ihren unaufhörlichen, hartnäckigen Mut und dann die kraftraubenden Spurts. Was bleibt ihnen auch übrig?

Williams ist Mulatte. Sie nennen ihn *Neginho,* den kleinen Schwarzen. Aldos spitzes Gesicht hat ihm den Beinamen *Ratinho,* die kleine Ratte, eingebracht. Wie die anderen sind auch sie heute nicht verschont geblieben. Am Morgen haben zwei Militärpolizisten sie wüst mit Fußtritten geweckt und sie dann auf die Brücke gezerrt, die zur Insel Recife führt.

»Sie haben uns an den Beinen festgehalten und hin und her geschaukelt. Und dann haben sie uns ins Wasser fallen lassen. Von dort oben.«

Corre-Corre

Um fünf Uhr morgens, wenn es auf der Rückseite der Lagerhalle hinter einer Wolkenkette hell wird, schlafen die Straßenkinder noch. In Plastiksäckchen, unter Papier oder Pappe liegen sie gekrümmt aneinander und wärmen sich gegen kühle Meereswinde. In der ganzen Stadt schlafen um diese Zeit Tausende in Hauseingängen, unter Vordächern und Bäumen, auf den Bürgersteigen oder unter Brücken.

Im Halbdunkel beginnt aber bereits zweihundert Meter weiter das Treiben im Marktviertel. Früchte und Gemüse werden von Last-

wagen geladen. Menschen schleppen Kisten mit Kleidung heran, während andere noch unter den Planen auf ihren Tischen schlummern. An den frühen allmorgentlichen Krach haben sie sich gewöhnt. Auch die Lastwagen der Müllabfuhr, die bis spät in die Nacht hinein auf dem Marktplatz einen ohrenbetäubenden Lärm von sich geben, lassen sie seelenruhig schlafen, während ich bei meinen Übernachtungen in der alten Busgarage bis in die frühen Morgenstunden auf der Matratze sitze.

Verschlafene, gleichmütige Gesichter begegnen mir in den Gassen, als ich mich in den frühen Morgenstunden zu den Kais aufmache. Früh morgens, sagen einige Straßenkinder, ist die beste Zeit zum Klau. Sie nennen ihre Arbeit *Corre-Corre,* das Lauf-Lauf. Früh morgens und in der Mittagszeit riskieren sie weniger, denn dann ist bei der Militärpolizei Wachablösung. Dann denken die grünen Hühner eher daran, ihren Dienst zu tauschen, zu frühstücken oder Mittag zu essen, als sie beim *Corre-Corre* zu jagen.

Die Sonne geht auf und steigt rasch über die Lagerhalle hinweg. Die ersten Kinder räkeln sich in ihren Säcken und Papierbündeln. Zwei Dutzend Leute haben hier in der Nacht ihren Schlafplatz gefunden. Unter drei großen einachsigen Handkarren, die, mit der Heckseite an den Boden gesetzt, neben der Halle stehen, liegen Karrenzieher. Eine Frau sitzt an der Wand und schaut teilnahmslos auf die Bushaltestellen, an denen einige Männer und Frauen ihre Stände für den Tag vorbereiten. Dann blickt sie neben sich das schlafende Kind an. Schritte weiter sitzt ein Mann mit angewinkelten Beinen und sieht ebenfalls auf die Haltestellen. Schwach und ausgedörrt sein Gesicht und sein Körper, mit dünnen Armen und Beinen, aber breiten, dicken und ledrigen Füßen hockt er auf seinem Stück Papier. Daneben Jungen, die sich aneinander wachstoßen.

Um sechs Uhr muß die Fläche unter der Hallenüberdachung leer sein. Dann fahren Lastwagen vor die geöffneten Hallentore und entladen.

Drei Jungen stehen vom nackten Pflaster auf und reiben sich die Augen. Sie schauen sich gemächlich um und gehen über die Busbahnhofsteige an die Straße. Am Straßenrand zwischen parkenden Autos machen sie halt und suchen sich zwei Apfelsinen aus der Gosse, die von einem Lieferwagen gefallen sind. Zwei der Jungen saugen den Saft aus den Früchten, während der dritte auf die andere

Straßenseite geht und sich an eine Hauswand lehnt. Er kontrolliert einen Melonenverkäufer, der eine Frucht in Stücke zerschneidet. Doch der Mann achtet behutsam auf seinen Stand. Der Junge wartet noch ein paar Minuten, biegt dann in die Gasse, die zum Praça Dom Vital führt, und schlendert mit den Augen eines hungrigen Luchses an den Ständen vorbei.

An den Kais packen andere sorgfältig ihre Pappunterlagen und Plastiktüten zusammen und verstauen sie an einem kleinen dreckigen Pavillon, in dessen Nähe es immer beißend nach Urin und Kot stinkt.

Severino ruft Júcelio, Neginho und Ratinho, die aufgescheucht umherlaufen, zu sich an die Hallenwand: »Gehen wir jetzt los oder nicht?«

»Ja gut, gehen wir!« antwortet Júcelio rasch.

»Jetzt ist noch was zu holen«, verstärkt Severino sein Vorhaben. Die lumpigen *Cruzeiros,* die den vieren in der Hose stecken, reichen nicht einmal für ein Brötchen, geschweige denn für einen Kaffee, eine Limonade, eine Frucht oder irgend etwas, das den knurrenden Magen beruhigt.

»Wir gehen die Dantas Barreto rauf, zurück zum Praça und dann auf die andere Seite!«

Severino geht den drei anderen voran. Ich halte mich zurück, bleibe so lange, bis die vier im Marktviertel verschwunden sind, und folge ihnen dann. Um mich nicht zu zeigen, bleibe ich versteckt hinter Ständen und Hauseingängen. Ich will ihnen nicht unnötig zur Last fallen.

Auf der anderen Seite des Viertels, an der Avenida Dantas Barreto sehe ich sie wieder. Hier ist es bereits voller. Menschen laufen auf und ab, kreuz und quer. Vildo, der die Nacht wohl woanders verbracht hat, und Nego, ein schlacksiger dreizehnjähriger Mulatte, gesellen sich zu den anderen, als wäre es abgemacht. Sie überqueren die Straße und gehen auf der gegenüberliegenden Seite die Haltestellen entlang.

Volle Busse sausen die Avenida herunter, wenden dort, wo die Jungen aus der Gasse kamen, fahren zurück und reihen sich an die Bordsteinkante. Menschen stürzen heraus, während andere darauf warten, einsteigen zu können.

Ein Junge, barfuß und in löchriger Kleidung, geht auf die Gruppe um Severino zu. Ein Streit entsteht. Severino schubst ihn beiseite.

Dann geht Júcelio auf ihn zu, zieht schnippisch und erhaben seinen Kopf hoch und schaut ihn von oben herab an. Als wollte er sagen: Verzieh dich bloß, du Stinker!

Severino geht weiter. Die anderen laufen um Stände herum. Júcelio läßt seinen aufgeplusterten Körper jetzt hängen, dreht sich um und flitzt dem Anführer der sechs nach. Er setzt sich neben Severino an die Spitze. Ratinho und Neginho springen hinterher. Sie betteln an einer wartenden Schlange und erhalten sogar ein paar *Cruzeiros,* Pfennigbeträge nur.

Die Schlange der Wartenden an der nächsten Bushaltestelle bewegt sich bereits in den Bus hinein. Severino und Júcelio nutzen die Gelegenheit zum Zugreifen, schleichen sich an den Menschen entlang und, blitzschnell, ist der gerade einsteigende Fahrgast sein Geld los. Nach ihm drängen andere in den Einstieg. Flink rennen die Jungen über die breite Straße, machen halt auf der Verkehrsinsel und schauen kurz zurück. Dann überqueren sie versprengt den anderen Fahrbahnteil.

Als die Gefahr offensichtlich vorbei ist, finden sie sich wieder zusammen und gehen die bereits abgegangene Strecke auf der anderen Seite der Avenida wieder zurück. Nichts ergibt sich. Frauen, die vorbeihasten, halten krampfhaft ihre Handtaschen an den Körper. Blicke verfolgen die Jungen. Keine Möglichkeit!

Langsam kommen sie auf den Praça da Independência zu, der rechterhand liegt. Dort steht der Militärwohnwagen. Sie gehen langsamer, überqueren die Straße von neuem und verschwinden getrennt zwischen Ständen auf der anderen Seite. Sie bereden etwas.

Dann tauchen sie wieder an der Bordsteinkante auf, gucken kurz und schlängeln sich eilig durch die hetzenden Menschenmassen in Richtung des Platzes. Severino läuft plötzlich über die Fahrbahn. Zwei Militärpolizisten stehen auf der einen, zwei auf der anderen Seite. Hundert Meter weiter, an der Kreuzung mit der Guararapes, stehen noch einmal vier.

Júcelio und Neginho verschwinden unter den Menschen. Vildo und Ratinho laufen Severino nach. Nur Nego ist nicht mehr zu sehen. Zwei Militärpolizisten sind ebenfalls von der Bildfläche verschwunden. Hinter der Kreuzung laufen nur fünf der Jungen links in die Rua Siqueira. Vildo hat mich hinter ihnen herhetzen sehen, kommt auf mich zu und erzählt kurz und nach Luft schnappend, daß Nego gefaßt wurde.

Der armen Nego. Vor ein paar Tagen noch hat er über große Schmerzen am Kopf geklagt. Ein Besoffener hatte ihm an den Kais sein Geld abnehmen wollen. Als er sich wehrte, schnitt der ihn mit einem Messer in die Kopfhaut. Auch die Optalidon-Pillen von Graça hatten den Schmerz nicht beruhigt. Und jetzt sitzt er wieder mal im Häuschen der grünen Hühner!

Vildo rennt zu den anderen zurück. Durch eine schmale Straße sprinten sie auf die Avenida Guararapes. Ein Oberleitungsbus hält an einer kleinen Verkehrsinsel direkt vor der Hauptpost, um dessen Ecke die Jungen gerade schleichen. Júcelio und Neginho laufen zur Stirnseite des Busses. Dann geht jeder an einer Seite das Fahrzeug entlang. Sie wollen sich hinten auf die Stoßstange setzen. *Schreck!* Sie verharren, noch ehe sie die Stange berühren können. Ein Polizeiwagen hält direkt vor ihnen.

Wie von der Tarantel gestochen rennen sie zurück, passieren nach dem Bus einen nächsten und sprinten, ohne auf den Verkehr zu achten, über eine bewegte Kreuzung auf die Brücke über den Rio Capibaribe zu. Sie spurten auf die andere Seite.

Zwischen der Verkehrsinsel und der Hauptpost taucht urplötzlich ein Fahrzeug des *Juizado* auf. Die anderen stehen noch an einem Bus in der Hoffnung auf eine Chance zum Klau. Ratinho erkennt die Situation, stößt die anderen kurz an. Und schon wetzen sie Júcelio und Neginho nach. Eine immer noch rote Ampel und der dichte Verkehr hält die Verfolger zurück. Jenseits der Brücke rennen die Jungen zu beiden Seiten die Avenida Conde da Boa Vista hinunter und verschwinden nach und nach in den Seitenwegen.

Eine halbe Stunde später erscheinen drei der Jungen auf dem mit Steinen besetzten Mittelstreifen. Die Luft ist wieder rein. Ein anderer ist bei ihnen. Es ist Sérgio. Als die Fahrbahn, die zurück in die Innenstadt führt, frei wird, tappen sie an einen der haltenden Busse heran. Langsam trotten sie prüfend auf die kleine Menge zu, die sich in den Einstieg drängt. Ein Bus fährt vorüber, auf dessen Stoßstange Ratinho und Neginho klemmen. Der Bus biegt vor dem anderen in eine Lücke ein. Die beiden Jungen steigen ab und pesen zu den übrigen. Gemeinsam sehen sie sich um, loten die Situation aus. Sie überlegen, planen. Aus der vorbeiströmenden Menge tauchen Dinho und

Wilson auf. Als ich die Straße überquere, entdecken sie mich und gehen auf mich zu. Sie nehmen mich unter Beschlag, während die anderen in eine Seitenstraße zuckeln. Erst mittags sehe ich sie wieder.

Eine Traube von Menschen steht um den Wohnwagen auf dem Praça da Independência. Draußen vor den Fenstern kleben sieben oder acht Militärpolizisten und versperren die Sicht ins Innere. Andere gehen aus und ein. Durch einen Spalt sehe ich Júcelio. Von einem der grünen Hühner wird er in die Toilette gedrückt. Sie scheinen ihn gerade gefaßt zu haben.

Drei Militärpolizisten lösen sich vom Fenster und gehen auf die Menge zu. Sie drücken die Leute zurück: »Weg hier! Hier gibt's nichts zu sehen!«

Nego taucht zwischen den grünen Uniformen im Wagen auf. Dann auch Ratinho. Sie versuchen ans Fenster zu kommen. Sie schnappen nach Luft. Ihre Körper sind schweißüberströmt und glänzen vor Nässe. Dann bücken sie sich. Der stämmige, kaltblütig grinsende Hauptmann rutscht auf seiner Bank etwas vom Fenster ab und drückt ihre Köpfe hinunter. Danach ruft er seine herumstehenden Untergebenen ans Fenster, so daß nichts mehr zu sehen ist. Nur ein Stock, der rauf und runter zischt.

»Immer drauf«, höre ich aus der Menge der Passanten.

»Ausgekochte Strolche!«

»Warum lassen sie die überhaupt noch frei?«

Ich bin wie gelähmt. Was soll ich machen? Freunde haben mir empfohlen, in solchen Situationen nicht einzugreifen. Aber das ist doch unmöglich! Ich merke, daß ich was tun müßte. Nur was? Mich auch verprügeln zu lassen? Ich habe Angst!

Vier Mädchen kommen benommen aus dem Wohnwagen. Prostituierte, die zwischen vierzehn und sechzehn Jahre alt sind. Sie halten sich aneinander fest, gehen durch die stierenden, sie verachtenden Menschen, die schnell beiseite springen, als würden sie Stinktiere hindurchlassen. Die Mädchen überqueren den Platz und gehen auf das Viertel Rio Branco zu.

Auch Nego kommt bald heraus. Er weint nicht. Jetzt nicht mehr. Er wollte eigentlich überhaupt nicht weinen.

»Am meisten«, sagt er, »am meisten Schläge bekommen die Mädchen. Die kriegen auch sonst viel drüber!«

In der alten Busgarage ruht er sich aus. Die dreizehn Schläge für seine dreizehn Jahre schmerzen ihn jetzt.

Am Abend grinst er schon wieder. Graça hat ihm eine Optalidon zugesteckt, sagt er. Lallend spricht er mit mir, halb im Rauschzustand.

»Zehn Leute waren drin. Zehn Leute in dem kleinen Raum! Und eine Hitze! Eine wahnsinnige Hitze! Du kannst dich nicht bewegen, nichts ausziehen, gar nichts...«

Mit Bild in der Zeitung

Careca, der Glatzkopf, ist zwölf Jahre. Genau die Hälfte seines Lebens hat er auf der Straße verbracht. Und er hat dieses Leben eines *Maloqueiro,* eines Straßenjungen, satt. Ein Straßenjunge kommt vor den ständigen Verfolgungen nicht mehr zur Ruhe, meint er.

Als Eisverkäufer will er arbeiten. Aber zum Eisverkaufen benötigt er einen Eiskasten aus Styropor. Den muß er sich verdienen, und der ist teuer. Zum Verdienen jedoch gebraucht er zum Beispiel einen Job als Karrenzieher. Und der ist nur durch gute Kontakte zu bekommen.

Zwar sind sein Vater und sein Bruder Altmaterialsammler. Doch wirft ihn der oft betrunkene Alte stets hinaus, wenn Careca seine Mutter besuchen will. Er ist nicht das einzige Kind der Familie, das auf den Straßen der Stadt lebt. Zwei seiner Schwestern trifft das gleiche Schicksal.

In den sechs Jahren seines Straßenkindlebens hat Careca mindestens dreimal mit Bild in der Zeitung gestanden. Das hat er selbst gesehen.

In den Zeitungen heißen die Straßenkinder *Pivetes* oder *Pixotes.* Was über sie geschrieben wird, weiß Careca nicht.

Pivetes beherrschen weiterhin die wichtigen Straßen der Stadt

Minderjährige im Alter von sechs bis fünfzehn verüben weiterhin jede Art von Überfällen und Diebstählen in den Hauptstraßen der Innenstadt, ohne daß die verantwortlichen Behörden auch nur irgendeine Anstren-

gung zur Einziehung der Pivetes unternehmen, die hauptsächlich Frauen und ältere Menschen ohne eine Möglichkeit zur Gegenwehr überfallen.

Einer der Orte, wo die Überfälle und Diebstähle und die Marihuana- und Kleistersitzungen stattfinden, ist die Rua Engenheiro Ubaldo Gomes de Matos. Im Schutz der Säulen des Gebäudes des nationalen Sozialversicherungsinstituts fühlen sie sich ungezwungen und unbelästigt.

VIEL ARBEIT

In verschiedentlichen Fällen sind die Opfer der Minderjährigen-Banden im Polizeikommissariat für Überfälle und Diebstähle in Santo Amaro erschienen, um Maßnahmen zu verlangen. Viele dieser Opfer weisen – in der Mehrzehl der Fälle an den Armen – Verletzungen auf, die von den kleinen Angreifern mit ihren Taschenmessern, Messern und Dosenteilen verursacht wurden. In diesen Fällen haben die Beamten des Kommissariats nur die Möglichkeit, die Klagen zu notieren und an ein Kommissariat weiterzuleiten, das sie zur Kenntnisnahme an die nach wie vor nachlässigen Behörden weitergibt.

Einer der Orte, den sich die kleinen Banden aneignen, um ihre Überfälle auszuführen, ist die Umgebung der katholischen Universität. Und das hauptsächlich nach 19 Uhr, wenn die dort studierenden jungen Damen bereits in Gruppen zusammen gehen, um sich gegen die Pivetes verteidigen zu können. Einige führen gar Holzstöcke bei sich, um sich zumindest so lange verteidigen zu können, bis andere ihnen zur Hilfe kommen.

Ein anderer bevorzugter Ort dieser Banden verlassener und randständiger Kinder sind die Straßen im (alten) Viertel von Recife, wo sie Kleister und Marihuana beziehen. Erwachsene Randexistenzen sind es, die sie damit versorgen. In gleicher Weise sind bewaffnete Kinderbanden im Viertel São José anzutreffen. Laut Äußerungen der dort ansässigen Händler treiben diese Banden es soweit, daß einige Geschäfte bereits heutzutage einen immer geringeren Umsatz verzeichnen. Aufgrund der Furcht, Opfer der Attacken dieser Kinder zu werden, suchen die Menschen für ihre Einkäufe Geschäfte in bewegteren Straßen auf.

FÜRSORGE UND WACHSAMKEIT

Während die Verantwortlichen des »Kommissariats für Überfälle und Diebstähle« die Ermittlungen zur Identifikation der Räuber durchführen

und dabei feststellen, daß es Minderjährige sind, leiten sie diese sogleich
an die Jugendabteilungen der Polizei weiter. Von dort allerdings kehren
sie unglücklicherweise nach eingen Tagen auf die Straßen zurück, wo sie
erneute Verbrechen begehen.
  Autofahrer verkehren in den Straßen Recifes bereits mit geschlosse-
nen Fenstern. Dies in Anbetracht der Fälle, in denen andere, die nicht
das Kleingeld für die Kinder hatten, von ihnen mit Rasierklingen an
Armen und im Gesicht geschnitten wurden.
(Bericht in der Zeitung »Diario de Pernambuco« vom 22. April 1984)

Es wimmelt vor Polizisten

Hinter den Fassaden der Häuser schleicht sich die Morgendämme-
rung empor. Noch brennen einige Lichter, die den Händlern in der
Frühe beim Be- und Entladen helfen. Und langsam verziehen sich im
Osten die düsteren Nachtwolken.

Ricardo ist die ganze Nacht in einsamen Straßen und Gassen
umhergezogen, um Papier und Pappe zu sammeln. Sein Handkarren
ist voll, und er schleppt ihn mühsam die Dantas Barreto entlang. Eine
Kirchenglocke schlägt fünfmal.

Ricardo hat sein Hemd aufgeknöpft. Verschwitzt und verschmiert
im Gesicht und am ganzen Körper zieht er den großen Karren an den
Bordstein, als er mich sieht. Er freut sich, mich zu treffen. Behutsam
setzt er das Heck des Karrens langsam ab, während er auf Zehenspit-
zen steht. Die Ziehstangen ragen schräg nach oben. Das Geländer
des Karrens geht über seine Körpergröße hinaus.

Ricardo setzt sich auf einen Reifen seines Gefährts und erzählt von
der Nacht. Er ist froh, daß er jetzt seine Ladung abliefern und sich
ausruhen kann. Was ihm der Besitzer des Altmateriallagers gibt,
muß für den Tag reichen. Es muß immer reichen...

Am Bahnhof der Überlandbusse will er sich waschen. Genau
genommen dahinter: an der Straßenbrücke neben der portugiesischen Festung. Denn dort gibt es einen Wasserhahn für den Stadt-
gärtner, um den Rasen zu sprengen. Er wird sich waschen und einen
ruhigen Ort suchen.

Ricardo macht sich wieder auf den Weg. Weiter stapft er die Straße entlang.

In den Straßenzügen der Fußgängerzone sind die Fensterläden noch heruntergezogen. Zwei kleine Kinder üben in Telefonzellen das Telefonieren. Ausgiebig und ungestört faseln sie in die Hörer. Ein Mädchen sucht mit einem kleinen Jungen an einem geschlossenen Kokosnußstand an einer Ecke in ausgetrunkenen Nüssen nach eßbarem Kokosfleisch. Sie schlagen die harten Nüsse auf der Bordsteinkante rastlos auseinander und kratzen nach den Resten.

Unter einem Kaufhausfenster sitzt ein Junge mit angezogenen Beinen an der Wand, den Kopf in die verschränkten Arme gelegt. In einem Hauseingang zwei schlafende Mädchen. Auf einem engen Schemel krümmt sich ein kleiner Junge. Eine Mutter in einer Ecke mit ihrem schlummernden Kind. Sie warten auf den Tag.

Während auf der Avenida Guararapes die ersten Busse quietschen, schieben an den Cais de Santa Rita Kinder ihre Decken an die Seite. Sie recken sich. Einige stehen auf und schlendern zur nahegelegenen Ufermauer. Ein Junge pinkelt in den Müll, der unter den kleinen Palmen an der Mauer liegt. Dann lassen sie sich nacheinander die drei Meter hohe Mauer herab, springen in Morast und Unrat und waten bis zum zurückgewichenen Wasser. Es ist dreckig und stinkt. Aber es erfrischt. Gemächlich plantschen sie darin und foppen sich gegenseitig.

Sieben Uhr. Sérgio und Bolacha gehen über den Markt und durch die engen Gassen bis zur Dantas Barreto. Eigentlich heißt der dreizehnjährige Bolacha mit Vornamen Severino. Aber Severino gibt es schon einmal. Deshalb nennen sie ihn Bolacha, den Keks, weil er so gerne Kekse verputzt.

Die Pirsch an den Haltestellen der Avenida hinauf und hinunter lohnt nicht die Mühe. Sie gehen auf der linken Seite in Richtung Unabhängigkeitsplatz und mustern dabei die Taschen der Passanten. Bald taucht der Platz rechts auf ... Und als ob sie die vier Militärpolizisten hinter einer Ecke zur nächsten Seitenstraße gerochen hätten, wetzen sie quer über die Fahrbahn auf den Platz zu. Es bleibt ihnen keine andere Möglichkeit. Wie aus heiterem Himmel tauchen in allen Winkeln grüne Uniformen auf. Die einzige Chance, diesem Gewimmel schnell zu entgehen, noch bevor sie bemerkt werden, ist der rasche Spurt über den kleinen dreieckigen Platz mit seinen zierlichen Gartenanlagen.

Die morgentliche Hektik und der Verkehr, durch den sie sich wendig kämpfen, helfen den Jungen, im Handumdrehen in einer Seitengasse zu verschwinden. An einem Hauseingang atmen sie tief durch und überlegen. Ein anderer kommt aus einer Gasse auf sie zu und begrüßt sie mit einem freundlichen Schulterklopfen. Dann machen sich die drei auf und gehen wie so oft die gewohnte Strecke in Richtung Hauptpost. Doch diesmal biegen sie nicht vorzeitig ein, um an der Front der Post entlangzugehen, sondern passieren das Gebäude von hinten. Sie überqueren eine vierspurige Straße, die sich gleich vor der Brücke des Rio Capibaribe mit der Avenida Guararapes kreuzt. Ein Bus hält klappernd bei rot, und schon sitzen die drei hinten auf der Stange. Sie spähen um die Ecken nach vorn. Dann fahren sie über die Brücke auf die andere Seite.

Nach ein paar Minuten treffe ich sie, nun zu viert, auf der Conde da Boa Vista wieder. Von neuem klemmen sie sich an einen Bus, winken mir zu und fahren über die Brücke zurück.

Die Polizeikräfte sind heute zahlreicher. Auf der kurzen Avenida Guararapes bewegen sich vielleicht zehn oder zwölf Militärpolizisten auf und ab. Dazu stolzieren unüblicherweise Soldaten des Heeres mit Schlagstöcken mehrere Straßenzüge entlang, als gelte es nach einem Regierungssturz Ruhe und Ordnung zu bewahren. Das Ganze verwirrt nicht nur mich...

Erst nach einer Stunde huschen die Jungen wieder in einer Fußgängerzone an mir vorbei. Sie hatten sich versteckt gehalten und laufen jetzt zurück in Richtung Dantas Barreto. An der Straßenmündung gucken sie schnell in alle Richtungen und spazieren dann langsam die Avenida entlang. An den Haltestellen prüfen sie trotz des erhöhten Polizeiaufgebots die Wartenden. Sie drücken sich an den Hauswänden entlang. Ruhig und unbemerkt.

Ein Mann an einer der Haltestellen erblickt seinen herannahenden Bus und sucht in seinem Geld nach Passendem für einen Fahrschein. Bolacha stiert ihn an, dreht seine Augen pfeilschnell in alle Richtungen. Behende springt er an ihm vorbei, schnappt sich einen *Tausend-Cruzeiro-Schein* und rennt wie ein Wiesel aus der Menge über die Straße. Der Mann dreht sich um, läuft auf die Fahrbahn und sieht vier Jungen in alle Richtungen flitzen. Er gibt auf.

Aus der Gasse, in die Bolacha gewetzt ist, taucht Severino mit zwei anderen auf. Sie überqueren die Avenida und ziehen in die Fußgängerzone. Aber schon nach einer halben Stunde kommen sie zurück und treffen sich mit Bolacha und Sérgio am Gasseneingang.

An jeder Ecke bei ihrem Gang zurück in das Marktviertel kontrollieren sie die Straße. Dann erschrickt Bolacha, der mit Severino vorausgeht: »Halt, guck mal da, vier grüne Hühner!«

Zehn, fünfzehn Meter entfernt stehen Polizisten zwischen Händlern und Käufern in der Gasse. Und schon schlängeln sich die Jungen zurück, verstreuen sich in alle Winde, noch ehe die Polizisten sie richtig bemerken.

Bereits um zehn Uhr morgens kehren sie in der alten Busgarage ein. Geschafft hocken sie sich hin.

»Die Stadt ist voll von grünen Hühnern!« sagt Severino.

»Hast du das gesehen?« fragt Bolacha mich. »Alles ist voll! Du kannst dich gar nicht mehr heraustrauen!« wettert er.

Am Abend, als die Gassen im Viertel schon fast leer sind, gehen wir zur Straßenbrücke, um auf dem Rasen zu spielen. In Begleitung von Demetrius fühlen sie sich sicher. Obwohl auch er von der Militärpolizei verprügelt worden ist. Obwohl sie ihm tagtäglich böse Blicke zuwerfen, ihm drohen. Obwohl sie die Kinder foltern, um gegen ihn auszusagen. Obwohl er zwei Morddrohungen von der Todesschwadron erhalten hat.

Demetrius hat Angst – das kann er nicht verbergen. Allerdings, Stärke und Zuversicht überwiegen und geben den Kindern einen Halt.

»Das nächste Mal machen wir Schluß mit dir!«

Eines Morgens kommt Severino zielstrebig auf mich zu. Er ist heiser und kann kaum sprechen. Am Körper und im Gesicht hat er blaue Flecken. Er will etwas erzählen, was ich weiterberichten soll. José Ariberto und Marco setzen sich mit uns auf den Boden in der Garage.

Severino nimmt sich aufgeregt mein Aufnahmegerät. Er weiß es zu bedienen. Dann lehnt er sich an eine Wand und holt tief Luft.

»Es war so: Es war letzte Nacht«, beginnt er. »Wir waren an einem Restaurant. Ein Mann hat fünftausend aus seinem Schloß, seinem Geldbeutel, gezogen. Und da hab ich sie mir genommen, die fünftausend. Und später haben sie uns gepackt, der Alte und die grünen Hühner. Mich, Gui, Boca de Bago (das Geldmaul) und einen anderen, der bei uns war. Luciano, Valdo und Bidene sind abgehauen. Dann haben sie mir mit dem Schuh ins Gesicht gehauen und gesagt: ›Du bist doch der *Pixote,* auf den wir wütend sind und der sich auch noch wehrt!‹ Und ich habe gesagt, daß ich das nicht mache, und habe um Hilfe geschrien. Dann haben sie uns zur Wache gebracht. Und da haben sie uns in einen Wagen gesteckt, um uns zum *Juizado* zu bringen. Doch dann hatten sie Angst, die grünen Hühner. Sie wollten uns da nicht hinbringen, weil wir verprügelt aussahen. Alle weichgeklopft, mit blutender Nase. Dann haben sie uns wieder mitgenommen.

Am meisten haben sie mich geschlagen. Boca de Bago hat schon geblutet. Sie haben mich umgeworfen, geschubst, getreten und mich geschlagen, bis ich blutig war. Und sie haben gesagt: ›Diesmal töten wir dich nicht! Aber das nächste Mal, wenn wir dich schnappen, dann nehmen wir dich mit ins Gebüsch und machen Schluß mit dir! Du hast noch einmal Glück, weil die anderen dabei sind. Aber wenn du alleine bist, geht's besser!‹ Das haben sie gesagt. Und: ›Du taugst nichts! Du bist ein vorlautes Stück! Wenn du so weitermachst, dann wird bald Schluß mit dir sein! Dafür werden wir sorgen!‹ Ich habe nichts gesagt, nein, weil ich Angst hatte. Die ganze Nacht haben wir im Kombi verbracht. Mit Dresche! Nur Dresche! Einer hat mir den Schuh ins Gesicht gehauen. Mit voller Wucht! Er wollte nur mich schlagen.

Klar, ich stehle. Und ich schnüffle auch. Aber ich kann das doch jetzt nicht lassen. Wie denn? Ich kann wohl sterben, aber das, was ich mache ... Ich kann doch nicht aufhören, nur wegen denen ...

Die ganze Nacht ging das. Es hörte nicht auf. Sie haben mich getreten und gequetscht. Einer auf meinen Fuß, ein anderer ging mir an den Hals. Einer hat in den Bauch geschlagen. Und dann haben sie mir einen Knebel in den Mund gestopft, damit ich nicht schreie. Die anderen haben alle geschrien, weil sie Mitleid hatten. Aber die haben auch geblutet.

Und die Männer haben gesagt: ›Du kannst ruhig zum Gericht gehen! Davor haben wir keine Angst! Hier sind wir nämlich die Richter!‹ Und sie haben gelacht und weiter gesagt, daß ich nichts bin: ›Du bist nichts! Du bist ein Dreck! Und jetzt geh los und sag es!‹ Morgens früh haben sie uns in einem Gebüsch rausgelassen. Wir haben einen Bus genommen und sind zurückgefahren.

Sie haben das wirklich gesagt: Sie haben keine Angst vor uns, weil wir nichts taugen. Und sie wollten nur mich. Irgendeinen Tag. Um mit mir Schluß zu machen. Und deswegen will ich jetzt mit einem Richter sprechen. Und wenn der Richter nichts macht, dann werde ich mit dem Präsidenten sprechen. Weil ich das nicht mehr aushalte. Nicht mal mehr auf der Straße . . .«

Severino verstummt. Es ist einen Moment ruhig. Er überlegt und dann meint er: »So, das war es! *Pronto!* Aber ich habe noch Glück gehabt, denn es gibt einen Polizisten, der mich nicht leiden kann. Doch der war nicht dabei. Der hat mir schon mal die Knochen gebrochen . . .«

Severino räuspert sich und hustet. Er hat einen trockenen Hals und bringt kaum noch einen Ton heraus.

José Ariberto spricht weiter. »Sie nehmen dich mit hinters Haus und schlagen dich. Sie kippen dir den Kleister über den Kopf. Und dabei mußt du still sein und nichts sagen.«

»Und dann gibt's welche, die schicken dich los, damit du eine Goldkette für sie absägst«, sagt Marco.

»Wer denn?« frage ich.

»Ich kenne sie nicht. Mit Namen, meine ich. Aber zwei auf der Guararapes haben mich heute losgeschickt, damit ich ihnen eine Kette absäge. Bei irgendeiner Frau. Militärpolizisten, sie schicken uns los, für sie zu stehlen. Und wenn wir kein Geld haben, schnappen sie uns und wollen uns schlagen. Wenn du eine Versammlung von Straßenkindern machen würdest, das sag ich dir . . . Mensch, da würden viele Polizisten bei rauskommen. Ich möchte mal alles bei der Staatssicherheit erzählen. Denn, wenn du das nur im Polizeiquartier sagst . . . Nein, da haben sie mich schon mal verprügelt. Ach, dreimal schon! Sie haben mir schon den Arm gebrochen. Ich hab es da gesagt. Aber ich hätte es besser sein gelassen. Mit dem Kommandanten da habe ich geredet. Der hat nichts gesagt. Er hat gesagt: ›Ich kann da nichts machen. Das ist euer Problem!‹ Und ich hab gesagt: ›Nein! Sie, Senhor, müssen den Leuten das sagen! Denn wir sind Kleister-schnüffler, aber wir tun doch keinem was! Wir schlagen nicht, und wir durchlöchern auch keinen!‹ Wir sind doch keine Verbrecher. Denn dann würden wir doch Banken überfallen. Jedenfalls, als ich ihm das gesagt habe, hat er gesagt: ›Hau bloß ab!‹ Und da bin ich gerannt . . .«

»Sie sagen immer, daß wir lügen!« sagt José Ariberto.

»Sie nehmen dich mit an eine dunkle Stelle«, fährt Marco fort, »und da schlagen sie dich und schlagen und schlagen und schlagen. Und dann lassen sie dich da liegen!«

»Ist dir das schon mal passiert?« will ich wissen.

»Na klar! Ich habe geschlafen und bin durch ein paar Schläge auf den Rücken wach geworden. Mit dem Knüppel. Sie haben mir einen Gürtel umgetan, mich damit gefesselt und mich mitgenommen. Bis nach Boa Viagem. Einer hat gesagt: ›Wir nehmen ihn mit zum Holi-day, und da machen wir ihn alle!‹ Mensch, da hab ich gebetet. Ich habe gebetet. Im Kombi. Und als wir da waren, haben sie mir was drübergezogen. Geschlagen, geschlagen, geschlagen, geschlagen, bis ich ohnmächtig war. Dann haben sie mich liegen gelassen. Und als ich morgens aufgewacht bin, war alles kaputt.«

»Es ist besser, wenn du voll bist«

Anfang Oktober. Immer mehr Touristen strömen tagsüber in die Stadt. Sie kommen zumeist aus dem Nobelviertel Boa Viagem mit seiner Strandpromenade, seinen eleganten Hotels und teuren Restaurants. Die sonnige, regenfreie Zeit hat begonnen. Und mit ihr wird sich bis in die Karnevalstage eine Besucherwelle in die Stadt ergießen. Um die Gewinne der Tourismus-Industrie nicht zu schmä-lern, dürfen die Straßen nicht mit den ungenehmigten Ständen der vielen Verkäufer überfüllt sein. So erhöht die Stadtverwaltung die Zahl ihrer patrouillierenden Fahrzeuge und sorgt für saubere Straßen-züge. »Da kommen sie!« schreit es alleweil zwischen den Häuser-fassaden.

Das Aufgebot verstärkter Polizeikräfte zeigt seine Wirkung. In den Tagen darauf verschwinden mehr und mehr Straßenkinder aus der Innenstadt. Einerseits, weil sie sich in ihrer Angst an den Schlupfwinkeln und Schlafplätzen verkriechen oder in entferntere Stadtviertel flüchten. Andererseits verschwinden viele hinter den Mauern der Jugendanstalten.

Bolacha, Vildo, Sérgio, Wilson, Ratinho, Dinho, Nego und Neginho – alle werden sie gefaßt und von der Militärpolizei so lange in ihrem Häuschen festgehalten, bis der vergitterte VW-Bus des *Juizado* sie abholt.

Der stets an der Spitze marschierende und kommandierende Severino ist ihnen bisher entgangen. Die letzten Tage und Nächte hat er oft in der alten Busgarage verbracht. Dort sitzen wir zusammen, spielen, albern rum und reden miteinander.

Dabei ist diesmal auch Júcelio, der in der vergangenen Nacht aus dem *Juizado* getürmt ist.

»Erzähl mal, wie du das gemacht hast!« Das interessiert Severino.

»Na, ich bin oben aufs Haus gestiegen. Es war abends. Da gab's ein Loch, da bin ich durch. Ich bin hochgeklettert und auf der anderen Seite am Irrenhaus wieder runter. Die Irren haben mir gesagt, wo es rausgeht. Ich bin dann über eine Mauer und abgehauen. Dann hab ich mir einen Bus genommen und bin in die Stadt gefahren.«

»Und was macht ihr jetzt ohne die anderen?« frage ich die beiden.

»Wir sind traurig!« meint Severino.

»Traurig?« frage ich ein bißchen erstaunt. Straßenkinder, bei denen so etwas jeden Tag passiert, sind traurig?

»Ja, sie fehlen uns! Das ist das gleiche wie mit dir«, belehrt mich Severino. »Wenn du deine Freunde nicht siehst, bist du doch traurig, oder?«

Ich nicke.

»Das gleiche mit uns. Wir sehnen uns nach ihnen.«

»Wie lange kennst du die anderen schon?« frage ich ihn.

»Seit ich klein war!«

»Júcelio zum Beispiel, wie lange kennst du ihn?«

»Seit vier Jahren . . .«

»Mehr!« wirft Júcelio ein.

»Seid ihr denn immer zusammen?«

»Nein, wir trennen uns auch. Eine ganze Zeit über gehen wir nicht zusammen. Weil . . . es gibt ja viele! Sagen wir mal, heute gehe ich mit einem. Und dann sehe ich, daß der es nicht bringt. Dann laß ich ihn laufen und gehe mit einem anderen. *Pronto,* alles geritzt! So läuft das!«

»Aber wieso denn?«

»Wieso? Wenn der eine stiehlt und der andere verpißt sich, dann taugt der nichts!«

»Manche stehlen also nicht?«

»Nicht soviel!« stellt Severino klar.

»Müssen denn alle gleich viel stehlen?«

»Ja! Jeder muß seinen Teil reinbringen, sonst ißt er nicht. Und er schnüffelt nicht und raucht nicht . . .«

»Aber wenn du, Severino, viertausend stiehlst und Júcelio nur dreitausend?«

»Nein, das ist klar. Dann bleibt er! Aber guck mal, viertausend reichen vielleicht für ein Essen für uns zwei. Aber dreitausend . . .«

Júcelio unterbricht seinen Chef: ». . . 2 500 ist für den Kleister, und dann bleiben nur fünfhundert!«

»Müßt ihr denn immer den Kleister haben?« frage ich ein bißchen fassungslos.

»Nein, nicht immer«, meint Severino, »wir sind noch nicht so drauf wie die, die das Marihuana gar nicht mehr aus dem Mund kriegen. Klar! Aber irgendwie fängt das bei mir an. Jetzt nehme ich ja nur leichte Sachen. Keine Tabletten! Ich schnüffle meinen Kleister, und ich rauch mir was . . .«

»Bringt es das denn?«

»Schlechter ist es, wenn du dich nicht vollziehst. Wenn du voll bist, dann wirst du härter. Jeder hat sein Laster, jeder seine Macke.«

Nach einer Weile frage ich ihn, ob es leichter sei, mit oder ohne Kleister zu stehlen.

»Mann, ich glaube, es ist besser, wenn du voll bist!«

Dann fängt Severino an zu singen. Er singt, was ihm gerade einfällt. Mit seiner kratzenden, brüchigen Stimme singt er eine lange Ballade eintönig vor sich hin:

»Ich war schon nah am Sterben, aber Jesus hat mir geholfen und mich noch ein wenig leben lassen. Wenn er nicht da wäre, ginge es mir viel schlechter…

Das Leben eines Straßenjungen ist das schlechteste Leben der Welt. Du kriegst Prügel von dem einen und dem anderen, genauso wie ein Vagabund…

Eines Tages habe ich mich mit Freunden getroffen, die ich nie in meinem Leben gesehen hatte. Mit ihnen bin ich gegangen und habe angefangen, falsche Dinge zu tun…

Du bestiehlst den einen und den anderen, um etwas zu bekommen. Jesus Christus, verzeih mir für all das. Und wenn die Polizei uns faßt, dann geben sie uns Schläge…

Du lebst in diesem Leben, ohne stehlen zu wollen. Wir sind keine Verbrecher. Wir sind auch nicht gefährlich…«

Später frage ich die beiden, was für die Kinder auf der Straße getan werden müßte.

»Sie fangen und zum *Juizado* bringen!« antwortet Júcelio.

»Wie bitte?« fährt es aus mir heraus.

»Ja, zum *Juizado* eben, *Pronto!*«

Ich bin ganz baff.

»Also, ich möcht ja gern Polizist werden«, sagt er jetzt auch noch. »Dann fasse ich die Kinder und loche sie ein. Aber ich schlage sie nicht. Ich bin gut zu ihnen.«

Ungläubig frage ich ihn, ob er es ernst meint.

»Ich habe drei Onkel als Polizisten«, erwidert er. »Einer ist in Japan, einer in China und einer in Mato Grosso. Einer ist bei der Marine, einer bei der Luftwaffe und einer ist Flugzeugpilot.«

Severino und Júcelio biegen sich vor Lachen.

Im alten Gefängnis

Die Einfahrt zum *Juizado* ist mit einer großen vergitterten Pforte versehen. Einige Autos stehen auf dem Hof, darunter ein weißer VW-Bus. Es ist der Vorhof. Geradeaus das Haus der Jugendpolizei. Zwei Männer sitzen draußen auf der kleinen Veranda, schaukeln mit ihren Stühlen wie in einem Western auf und ab und rauchen. Die Zigaretten stecken lässig im Mundwinkel. Im Haus stehen zwei, drei andere um einen Schreibtisch.

Rechts von dem Häuschen liegt die Durchgangsanstalt, der *Juizado*. Mauern umgeben das ehemalige Gefängnis. Die Fenster sind vergittert. Und nur zwei Eingänge führen in das Gemäuer: eine Eisentür, die bewacht ist, und ein Eisentor für die ein- und ausfahrenden Wagen. Daneben liegt ein kleines Verwaltungsgebäude.

Es ist Sonntagnachmittag. Nach einigem Warten erhalte ich die Genehmigung zum Eintritt. Fünf, sechs Jungen stürzen gleich auf mich zu.

»Padre, Padre!«

»Besuchst du uns?«

»Hast du Süßigkeiten mitgebracht?«

»Zigaretten?« flüstert mir einer ins Ohr.

Es sind die einzigen Jungen, die draußen herumlaufen. Sie gehören einer Gruppe an, die gerade vom Essen kommt.

Der Aufseher ruft sie zurück. In einer Reihe gehen sie durch eine vergitterte Tür in einen Saal, der im Parterre eines zweistöckigen Hauses liegt. An Türen und Fenstern winken Kinder, die ich von der Straße kenne. Ich sehe Dinho, Sérgio, Bolacha und beginne, mit ihnen zu reden.

Das staatliche Durchgangsheim erscheint wie ein riesiger Hundezwinger. Alle Kinder, die ich frage, schwören, daß sie es nicht länger hier aushalten. Sie wollen raus. Nur wenige schlafen in Zimmern zu acht oder zehnt, erzählen sie mir. Aber sonst ist alles überfüllt. Hoffnungslos überfüllt.

Ein Oberaufseher lotst mich von den Jungen weg. Er gibt zu, daß die Anstalt ein wenig voller sei als normal. Aber die Kinder hätten hier wirklich alles, was sie bräuchten.

Ich frage danach, wieviel Kinder die Anstalt fassen sollte, normalerweise.

Der Mann schiebt den Kopf zur Seite, fährt mit den Fingern über seine Bartstoppeln und druckst herum: »Na ja, so um die fünfzig.«

Ich sehe ihn erstaunt an.

»Gut, es sind ein paar mehr«, fügt er hinzu.

»Ein paar mehr?!«

»Ja!«

»Wieviel sind es denn?« will ich wissen.

Der Mann bleibt eine Antwort schuldig. Er will mir nun die Räumlichkeiten zeigen.

Im Speisesaal, der so klein ist, daß in Schichten gegessen werden muß, sitzen zehn Kinder weit voneinander getrennt an hohen Aluminiumtischen. Hastig schlingen sie in dem dunklen Raum ihr Essen runter, während ein Aufseher ihnen wachsam auf die Finger schaut.

Mädchen und Jungen haben getrennte Unterkünfte. Das Haus der Mädchen liegt hinter der Küche. In einem großen Saal sitzen sie den ganzen Tag lang an der Wand, auf dem Boden oder in den Ecken schlapp und lustlos herum. Wenige reden. Die meisten tun nichts. Sie gammeln vor sich hin. An die Wände gemalte Figuren aus US-amerikanischen Zeichentrickfilmen wirken fremd.

All die Jungen, die ich kenne, dürfen mit zum Fußballspiel im Hof hinter den Gebäuden. Ich kenne so viele, daß zwei Fußballmannschaften zustande kommen. In einem Turm mitten auf dem Gelände sitzt ein Wächter und überblickt alles. Drei Meter hohe Mauern mit einem daraufgesetzten Stacheldrahtzaun umgeben den Innenhof.

Ein kleines Holzhaus mit einer Vogelzucht steht in einer Ecke. Ein Junge füttert die Tiere. An der Mauer entlang liegen vereinzelt kleine Beete, auf denen sich Gemüse mühsam durch den harten, steinigen Boden des Hofes zwängen muß. Keines der Kinder hat Lust, im Garten zu arbeiten. Kein Wunder, wenn kaum was wächst.

Um fünfzehn Uhr ist der Nachmittagsappell. Ich gehe mit den Jungen in ihren Saal. Zwei Aufseher und ein paar Gehilfen – ausgesuchte Kinder – treiben die Menge in eine Ecke. Breitbeinig pflanzen sich die Männer vor die Jungen. Urin- und Kotgestank kommt vom offenen Waschraum herüber, der in eine Ecke des Saales gemauert worden ist.

Beim Appell herrscht eisige Stille. Zwischen siebzig und achtzig Kinder warten hier eine Stunde auf das Ende der Anwesenheitskontrolle. Dann erhalten drei katholische Prediger und drei einer anderen Glaubensgemeinschaft Eintritt und beginnen, Geschichten aus der Bibel zu erzählen und die Zehn Gebote zu lehren. Die Kinder lassen alles über sich ergehen.

»Dann sehen wir uns nicht mehr wieder«

»Die Stadt gehört doch nicht ihnen!« Júcelio kommt aufgebracht in die Garage. Er zittert am ganzen Leib. Die grünen Hühner hatten ihn wieder mal eingelocht. Aber heute hat er gleich dreißig Schläge versetzt bekommen. Der Junge, über den über hundert Eingänge beim *Juizado* vorliegen und der unaufhörlich den Polizeiknüppel spürt, läßt sich zermürbt auf einen Hocker fallen.

»Beim nächsten Mal sollen es vierzig sein, haben sie gesagt. Damit wir endlich aus der Stadt abhauen. Damit wir aus ihrem Revier abziehen. Ja, wir sollen uns nicht in ihrem Revier blicken lassen. Aber die Stadt gehört doch nicht ihnen, oder!?«

Severino wird immer verzweifelter. Wie ein wildes Tier wetzt er in der Garage auf und ab. Er will eine Arbeit finden. Unaufhörlich schwört er, jetzt Geld verdienen zu wollen. Und in seiner Panik nimmt er sich einen Stapel alter Zeitungen, die für die Altmaterialsammler gedacht sind, aus einer Ecke und will sie auf der Straße verkaufen. Ich halte ihn von diesem aussichtslosen Vorhaben zurück.

»Was ist los? Erzähl mal, was passiert ist!«

»Es ist nur wegen gestern«, meint er. »Dieser Sérgio, der es auf mich abgesehen hat, er ist Polizist, der ist gestern hinter uns her gewesen. Auf der Dantas Barreto. Er ist von der Jugendpolizei und fuhr mit Militärpolizisten im Polizeikombi. Sie haben die Runde gemacht. Sie hatten schon welche drin, die verprügelt wurden. Dann haben sie uns gesehen, und wir sind gerannt. Wir sollten anhalten, aber das haben wir nicht gemacht. Wir sind nur gerannt, einfach weg. Und da haben sie uns verfolgt, die ganze Dantas Barreto lang bis auf die andere Seite der Brücke. Da sind wir ins Wasser gesprungen. Dieser Sérgio hat mit seinem Revolver auf uns geschossen. Und dann sind sie weggefahren.«

Severino ist völlig fertig: »Auf der Straße ist es jetzt ganz schlimm. Überall stehen sie. Zwei hier, drei da. Und dort wieder zwei. Und wenn sie uns sehen, jagen sie uns gleich nach. Auch wenn du nichts machst. Heute mußte ich auch schon wieder rennen wie ein Wilder.«

So geht es nicht weiter, darüber ist er sich klar: »Ich muß arbeiten. Weißt du, das Stehlen bringt nichts mehr. Du hast nichts davon. Außerdem ist das gestohlene Geld schnell weg. Wenn ich jetzt 10 000 klaue, teile ich es mit den anderen auf, und in zwei Stunden ist es weg.

Aber richtig verdientes, erschwitztes Geld, das ist was anderes! Ich muß unbedingt arbeiten. Aber finde mal was!«

Severino schenkt mir ein altes Armband, das er bei einer Wette von Júcelio gewonnen hat. Er fragt mich, warum ich bald fahre, wann ich denn nach Recife wiederkomme.

»Vielleicht in zwei oder drei Jahren«, antworte ich.

»Dann sehen wir uns nicht mehr wieder«, sagt er traurig. »Dann lebe ich bestimmt nicht mehr ... Weil mich die Polizei oder das Leben auf der Straße getötet hat.«

Zwölf Jahre später –
Ein Nachwort

»Die Geschichten sind die gleichen«

Über zwölf Jahre sind seither vergangen. Als ich Ende 1996 nach Recife zurückkehre, um zu recherchieren, was aus den Straßenkindern der Stadt geworden ist, treffe ich Severino nicht mehr an. Aber auch von vielen anderen Kindern fehlt jede Spur: Niemand kann mir erzählen, was aus Sandro, Oriberto, Gilmar, Marco, Neginho, Careca, Adriana Christina und Jaçira Brance geworden ist.

Mehrere Tage durchstreife ich mit Demetrius Demetrio die Stadt, die sich ein wenig verändert zeigt. Die Straßen und Plätze erscheinen sauberer und aufgeräumter. Die vielen wilden Stände der Händler sind verschwunden und finden sich teilweise unter neuen Überdachungen oder von der Stadt festgelegten Standorten wieder, für die die Kleinhändler teure Gebühren berappen müssen. Das Hafenviertel Rio Branco, lange Jahre eine düstere Gegend, wird aufpoliert. Häuser aus der Jahrhundertwende werden restauriert. Schicke Bars, Boutiquen oder Galerien haben bereits ihre Türen geöffnet. Staatliche und private Sicherheitsdienste sorgen für Ruhe und Sicherheit. Recife will sich den Touristen aus dem In- und Ausland präsentieren.

Doch als wir des Abends und Nachts in die verlassenen Einkaufsviertel gehen, in dunkle Eingänge sehen oder an den Lagerhallen im Hafen vorbeischauen, offenbart sich dennoch das ganze Elend, das die Stadtverwaltung so mühsam versucht zu kaschieren. Kinder liegen dort eng aneinandergekuschelt und schnüffeln Kleister gegen den drückenden Hunger und als Ersatz für fehlende Zuneigung und fehlende Liebe. Alleinstehende Frauen mit Kindern oder wohnungslose Familien haben in Pappkartons eine Bleibe für die Nacht gefunden.

Im Dunkel einer kleinen Nebenstraße huscht wie ein winselnder Hund ein Junge an den geschlossenen Läden vorbei. Demetrius kennt ihn und winkt ihn heran. Der Zwölfjährige ist taubstumm und lebt allein auf der Straße. Mit einigen Handzeichen tauschen beide Neuigkeiten aus. Dann gehen wir weiter zur Praça do Diario, dem zentralen Platz in der Innenstadt, wo wir eine Zeitlang mit David, Indio und Pequeno zusammensitzen. Während sie an ihrem Kleister saugen, erzählen sie uns ihr Leben. In dem Gesagten spiegelt sich das Leben der Kinder von damals. Wie sich die Berichte und die Bilder der Kinder ähneln. »Die Geschichten sind die gleichen«, sagt Demetrius. »Nur die Personen haben sich geändert.«

Eine der Frauen, die sich als Prostituierte hier anbieten, ist die 27jährige Vania. Barfuß und in einem schmutzigen Kleidchen und einem schmuddeligen Hemd kommt sie langsam und etwas gebückt auf uns zu. Eine Abtreibung macht ihr schrecklich zu schaffen, der Unterleib schmerzt. Nein, in eine Klinik will sie nicht, nur ein Schmerzmittel solle ihr Demetrius aus seiner Erste-Hilfe-Tasche geben, die er bei sich trägt. Auch Vania kam vor zwölf Jahren regelmäßig in die alte Busgarage. Doch ich kenne sie nicht.

Ihr Lebensweg, erfahre ich, ist der vieler anderer Mädchen, die ich damals kennenlernte. So arbeiten Christina, Josilda, Silvania und Simone heute ebenfalls als Prostituierte in der Innenstadt. Einige, die bereits damals nur noch lockeren Kontakt zu ihren Müttern hatten, haben heute Kinder, die ebenso wie sie auf der Straße aufwachsen. Nur zwei der Mädchen von damals und ein Junge – erinnern sich Demetrius, Vania und ein paar andere, die wir treffen – haben sich vom Leben auf der Straße lösen können: Jaçira, Fatima Gomes und Rinaldo leben in einigen der 400 Favelas der Stadt und halten sich und ihre Familien mit kurzfristigen Jobs über Wasser.

Die Wirklichkeit der Straße ist oft stärker

»Die Wirklichkeit auf der Straße ist eben stärker als der eigene Wille«, resümiert Demetrius. Der Großteil der Kinder aus der Zeit der Busgarage konnte sich also nicht von der Straße befreien. So hatte zum Beispiel André einen Job bei der Stadtverwaltung erhalten, wurde jedoch mit 18 Jahren wieder gekündigt. Heute hält er sich als kleiner Straßendieb am Leben. Fast wie ein Wunder aber erscheint es, daß er und auch Jucélio überlebten, der sich heute noch immer mit Diebstählen und gewalttätigen Raubüberfällen durchschlägt. Sie gehören noch zu den wenigen, die der Gewalt entgangen sind, die seit Mitte der achtziger Jahre vor allem in den Großstädten Brasiliens wütet.

Zehntausende Kinder und Jugendliche wurden seither von Polizisten, Sicherheitsdiensten, Ausrottungsgruppen, Todesschwadronen und von durch Unternehmern engagierte Killerkommandos ermordet. Auch viele Kinder, die ich vor über zwölf Jahren in der alten Busgarage oder an der Lagerhalle 18 kennenlernte, fielen diesen brutalen Mördern zum Opfer: Sérgio, Bolacha, Fuscão Petro, Dinho, Ubiratão und China wurden an Straßenrändern, auf Müllkippen oder auf sogenannten verlassenen Friedhöfen am Stadtrand aufgefunden.

Aber auch die wachsende Gewalt untereinander forderte Tote: Carioca starb bei einer Messerstecherei, Boca de Bago wurde von einem erwachsenen und äußerst brutalen Bandenchef ermordet, Roseneide wurde schlichtweg aus Spaß beim Urinieren erschossen und Lindalva von einem Freier mit einem Stein umgebracht. Einige setzten ihrem Leben selbst mit Hilfe von Drogen ein Ende. So starb ein anderer Junge namens Rinaldo an einer Überdosis. Graça, die jahrelang eine Unmenge verschiedener Drogen genommen hatte, starb im Alter von knapp 20 Jahren an einem Herzinfarkt.

Eine ernüchternde Suche: Über die Hälfte der Kinder, dessen Geschichte wir nach zwölf Jahren noch in Erfahrung bringen konnten, ist tot. Der Großteil der Überlebenden lebt in ärmlichen, ja bitterarmen Verhältnissen, vegetiert vor sich hin ohne eine Aussicht auf Besserung.

Doch andererseits konnte der Kampf um die Kinder der Straße auch Erfolge vorweisen. Einen Teil der Kinder von zum Beispiel jungen Prostituierten konnte Demetrius Demetrio retten: 19 Kinder brachte er bei einer kleinen Hilfsorganisation unter. Ende der Achtziger konnten er und andere Streetworker mit Spenden aus Deutschland ein erstes Haus kaufen, um Straßenkinder dort aufzunehmen. Nachdem der Vatikan einen erzkonservativen Bischof in Recife einsetzte, wurde fast jedwede Sozialarbeit mit den Armen der Stadt beendet und auch die Straßenkinder-Initiative aus der alten Busgarage herausgeschmissen. Nun aber begann eine intensivere Arbeit mit Straßenkindern. Der Kontakt zu den Familien und zur Schule wurde gesucht und damit ein Weg zurück in ein normaleres Leben. Später kaufte die Gruppe einen Bauernhof, auf dem heute 30 Kindern Schule und eine landwirtschaftliche Ausbildung geboten wird.

In ähnlicher Weise entstanden in ganz Brasilien Straßenkinder-Initiativen, die sich in der Nationalen Straßenkinderbewegung zusammengeschlossen haben. Eine Bewegung, die oft sogar unter Morddrohungen die Not der Kinder der Straße anklagte. Nur Proteste aus dem Ausland konnten diese Streetworker schützen. Proteste von außen setzten den Staat auch unter Druck, seine Jugendpolitik zu reformieren. Ein neues Kinder- und Jugendstatut fordert die stärkere Verfolgung der Gewalt gegen Kinder und eine schnelle soziale und pädagogische Hilfe. Kinderräte sollen in allen Städten und Bundesstaaten auf die Einhaltung achten. Vertreter der öffentlichen Behörden und von Hilfsorganisationen sollen in diesen Kinderräten außerdem über neue Schritte beraten.

Der Staat tut zu wenig

Nach außen hin ist das zunächst ein eindrucksvoller Erfolg. Doch in Wirklichkeit bedeutet es in vielen Städten oft »nur eine formelle Veränderung«, kritisieren viele Straßenkinder-Initiativen. Geld zum Aufbau von Kinder- und Jugendeinrichtungen stellen Politiker noch immer kaum zur Vergügung. Währenddessen wächst allerdings die Zahl gewaltbereiter Kinder schwindelerregend, beklagen die Streetworker. Dabei sind nicht mehr nur die Straßen der Innenstädte, sondern immer häufiger die Elendsviertel selbst der Fokus gewalttätiger Ausbrüche. Zusammengeschlossen in »galeras«, riesigen Kinderbanden mit bis zu 100 Mitgliedern, starten Minderjährige Übergriffe auf andere Viertel oder an den Stränden in Recife.

»Beeinflußt werden sie dabei hauptsächlich durch das Fernsehen und bestimmte Musiken und Moden aus den USA«, schimpft Ademilson Barros, der seit 15 Jahren mit seiner Frau Roberta ein Straßenkinderprojekt in Recife leitet. »Die Medien sind ein Teil der Gewaltfaktoren. So stimulieren die Radios zur Gewalt an. Heute abend, heißt es da, gibt es ein Fest mit Tanz und Funk-Musik. Kommt alle vorbei! Ruft die ›galera‹ zusammen! Damit tragen die Medien zur Gewalt bei.«

Auch Bartolomé Bueno de Freitas Moraes, der erste Jugendrichter Recifes, der sich vollkommen überfordert fühlt, bestätigt diese Gewaltentwicklung: »Als ich 1991 in das Amt kam, hatte ich es noch häufig mit den ›trombadinhas‹ zu tun, jenen Kindern, die die Leute auf der Straße nur anrempeln und bestehlen«, sagt er mir gestreßt in seinem überlaufenen Büro. »Heute sitzen mir 12-, 13- oder 14jährige Räuber gegenüber, die bewaffnete Überfälle starten, die nicht selten mit Todesfällen enden.«

Der Jugendrichter, der nur noch einen zweiten Kollegen für eine Stadt mit jetzt drei Millionen Einwohnern hat, hat jede Hoffnung für die Zukunft verloren: »Perspektiven sehe ich nicht. Die soziale Lage verschlechtert sich doch von Tag zu Tag. Die Einkommenskonzentration nimmt zu und damit die Armut. Also betteln und stehlen die Kinder auf den Straßen, kommen mit Kriminellen in Kontakt und werden gewalttätig. Das wächst weiter an, weil es keine wahrhaft andere Politik gibt, die Beschäftigung für die Eltern dieser Kinder schafft. Und die Internierung der Kinder funktioniert – mit kleinen Unterschieden – wie einst in der FEBEM. Ohne Angebote, ohne Erziehung, ohne Ausbildung, ohne Integration.«

Zum Beweis stellt er mir eine Besuchserlaubnis für eine Jugendanstalt im Norden von Recife aus. Hinter meterhohen Mauern mit Stacheldraht und Wachtürmen sind auf einem ehemaligen Militärgelände über 100 kriminelle Kinder und Jugendliche untergebracht. In kahlen Zwei-Bett-Zimmern mit offenen Schlitzen im Beton vegetieren sie auf ihre Entlassung hin. Die einzige Abwechslung bietet ein Fernseher auf jeder Etage eines Gebäudes. Die Wärter präsentieren ein paar unaufgeräumte Zimmer als Schulräume. Doch keines der Kinder, die ich treffe, besitzt Stifte, Schulbücher oder auch nur ein Schulheft.

Hin und wieder, so erfahre ich von einigen Straßenkinder-Initiativen, greifen die Jugendrichter mangels Alternativen auf die Hilfe der nichtstaatlichen Hilfsprojekte zurück. In ihrer Not schicken sie Kinder, die sie unbedingt schützen möchten, zu den privaten Hilfsorganisationen. »Doch was hilft unsere Arbeit wirklich?« fragt

Demetrius am Ende meiner Reise. »Wo ist der Arbeitsmarkt, der sie später aufnimmt? Wenn sie arbeitslos bleiben, kehren sie als Erwachsene wieder auf die Straße zurück.«

Was können wir trotzdem tun?

Es bleibt festzustellen: Nur ein umfassendes Engagement kann den Straßenkindern wirklich helfen. Zunächst muß es darum gehen, den Kindern konkrete Hilfe zu bieten. Ein erster Schritt ist deshalb der Protest gegen die Gewalt gegen Kinder, wie er von Organisationen wie amnesty international seit Jahren ständig geleistet wird. Als nächster Schritt müssen Projekte von und für Straßenkinder unterstützt werden, die den Kindern einen Halt und einen regelmäßigen Alltag geben, ihnen Nahrung, gesundheitliche Versorgung und eine Ausbildung bieten sowie versuchen, den Kontakt zu Eltern oder Verwandten wieder aufzubauen. Auch sollten diese Projekte die Kinder zu selbstbewußten Bürgern erziehen, die über ihre Rechte aufgeklärt sind und sie einfordern können.

Dabei kann und darf jedoch die Hilfe nicht stehenbleiben. Als dritter Schritt müssen die Gemeinschaften gestärkt werden, aus denen die Kinder kommen: die Familien, das soziale Umfeld, die Stadtviertel. Selbsthilfegruppen in Armenvierteln müssen unterstützt werden, wenn sie Schulen, Kindergärten, Gesundheitsposten oder Programme für drogenabhängige Jugendliche verlangen. Darüber hinaus sollten die Organisationen landloser Bauernfamilien weit mehr als bisher gefördert werden. Denn gerade vom Land ziehen viele Familien in die Städte und landen dort in den Slums oder auf der Straße. In Brasilien organisierte der »Movimento Sem Terra«, die Bewegung der Landlosen, seit Mitte der achtziger Jahre mit Zehntausenden Familien die Besetzung riesiger Landgüter, die von den reichen Besitzern nicht genutzt werden. Diese Arbeit muß mit unserer Hilfe fortgesetzt werden.

Nicht zuletzt aber müssen wir hier Politiker, Manager großer Konzerne und uns selbst als Verbraucher in die Verantwortung nehmen. Das ist der vierte Schritt. Denn jede Verbilligung von Rohstoffen aus der Dritten Welt und jede Erhöhung der Schuldzinsen für hoch verschuldete Länder treibt mehr Kinder auf die Straßen der Städte. Wird der Kaffee hier billiger, so verdienen die Kaffeebauern und Kaffeepflücker in Brasilien noch weniger, als sie ohnehin schon bekommen, und suchen Hoffnung in den Städten. Verlangen die Regierungen und Banken der Industrieländer noch mehr Schuldenrückzahlungen von den ärmeren Ländern, so bleibt kaum noch Geld für soziale Projekte.

Wollen wir diese Entwicklung nicht hinnehmen, müssen wir »faire« Produkte (zum Beispiel mit dem Transfair-Siegel) kaufen, denn hier wird ein Großteil des erhöhten Preises an die kleinen Hersteller oder Landarbeiter weitergegeben. Wir müssen Lebensmittelunternehmen und Supermärkte fragen, warum sie nicht mehr »faire« Waren auf den Markt bringen. Wir müssen Politiker und Regierung fragen, was sie konkret zur Unterstützung eines fairen Handels und gegen die Not der Straßenkinder unternehmen. Und wir sollten immer skeptisch sein bei jeder Antwort, die uns gegeben wird. Denn wir sind nicht die ersten, die das fragen. Aber: Wir dürfen auch nicht die letzten sein.

Wer hilft

Deutschland
amnesty international, Heerstraße 178, 53111 Bonn
Brot für die Welt, Stafflenbergstraße 76, 70184 Stuttgart
Caritas, Auslandsabteilung, Postfach 420, 79004 Freiburg
Dritte Welt Haus Bielefeld, August-Bebel-Straße 62, 33604 Bielefeld
Kinderhilfe Brasilien, Binger Straße 26a, 14197 Berlin
Kindernothilfe, Düsseldorfer Landstraße 180, 47249 Duisburg
Misereor, Mozartstraße 9, 52064 Aachen
terre des hommes, Ruppenkampstraße 11a, 49084 Osnabrück
UNICEF, Höninger Weg 104, 50969 Köln

Schweiz
amnesty international, Postfach 1051, CH-3001 Bern
terre des hommes, Jungstraße 36, CH-4056 Basel
UNICEF, Werdstraße 36, CH-8021 Zürich

Österreich
amnesty international, Wiedner Gürtel 12, A-1040 Wien
Dreikönigsaktion der Katholischen Jungschar, Mittersteig 10, A-1040 Wien

Worterklärungen

Avenida – Straße
Barrio – Elendsviertel (spanisch)
Cachaça – Zuckerrohrschnaps
Cafua – Verlies
Cruzeiro – brasilianische Währungseinheit; ihr Wert sinkt ständig: 1983 bekam man für 100 Cruzeiros 0,19 DM, ein Jahr später nur noch einen Groschen
Empregada – Dienstmädchen
Favela – Elendsviertel
FEBEM – staatliche Einrichtung, die Kinderheime unterhält
Juizado (do Menor) – Jugendamt, Jugendrichter
Maloqueiro – Strolch
Manitôs – so nennen die Kinder die Aufseher in den Heimen
Morro – Hügel
Padre – Priester
Pisteleiro – bewaffneter Gangster
Pronto – fertig
Puxa – erstaunter Ausruf: »Ist das wirklich so?«, »Huch«
Senhor – Herr
Senhora – Frau
Tarado – verdorbener Typ

Zum Beispiel Kinderarbeit
Redaktion: Uwe Pollmann

Wie viele Kinder unter 15 Jahren auf der Welt arbeiten auf der
Welt arbeiten müssen, weiß keiner genau zu sagen. Schätzun-
gen gehen von 200 Millionen aus.

Kinderarbeit gibt es in der Dritten Welt in nahezu jedem
Bereich. In der Landwirtschaft ist sie am weitesten verbreitet.
Aber nicht immer muß Kinderarbeit schädlich sein. Die allmäh-
liche Einbeziehung von Kindern in die Lebens- und Arbeits-
welt der Erwachsenen kann auch Ausdruck einer verantwor-
tungsbewußten Erziehung, ja, ein durchaus sinnvoller Lern-
prozeß sein.

Andererseits gibt es zahllose Fälle der Ausbeutung der kindli-
chen Arbeitskraft. Hier wird Profit aus der Ausbeutung dieser
jungen Arbeitskräfte geschlagen. Kinder werden über ihr Lei-
stungsvermögen hinaus beansprucht. Ihre körperliche und gei-
stige Entwicklung wird behindert.

Der Band beschäftigt sich mit dieser ausgebeuteten Kinderarbeit: mit ihren Ursachen und Folgen, mit ihren Nutznie-
ßern ... Und er stellt die Arbeit von Kinderhilfsorganisationen
vor.

»Eine empfehlenswerte Lektüre für Jugendliche und Erwachsene, Lehrer und Schüler, Dritte-Welt-Gruppen, deutsche Tep-
pichhändler und deutsche Politiker.« (Jürgen Lieser in: Caritas)

Ein Buch aus dem Lamuv Verlag

Alwin Meyer
Die Kinder von Auschwitz

großformatige Broschur, über 100 Abbildungen

Über die Verbrechen in deutschen Konzentrationslagern ist vieles geschrieben worden. Nahezu unbekannt ist dabei die Geschichte der Kinder geblieben, die in Lager wie Auschwitz verschleppt wurden oder dort unter unvorstellbaren Bedingungen zur Welt kamen.

Dreizehn von ihnen waren bereit, Auskunft zu geben. Sie erzählen die Geschichte ihres Überlebens und des Lebens danach.

»Es ist ein erschütterndes Buch ... Wenn ein Buch zu zeigen vermag, daß die Täter und ihre Nachfahren Auschwitz nicht vergessen *dürfen,* weil die Opfer und ihre Nachkommen Auschwitz nicht vergessen *können,* dann ist es dieses so zurückhaltend-einfühlsam geschriebene Buch ... für mich gehört Meyers Publikation über die Kinder von Auschwitz zu den bewegendsten Büchern, welche zu diesem Thema geschrieben worden sind.« (Holdger Platta in: Frankfurter Rundschau)

»Ein Buch mit eindrucksvollen Lebensschilderungen, die keiner Kommentare bedürfen. Diese fakten- und quellenreiche Darstellung überzeugt durch ihre Sachlichkeit ...« (Michaela Bodesheim in: Die neue Bücherei, München)

»Ein Buch, das den Leser lange nicht losläßt, aber ein wichtiges in einer Zeit, in der Vergeßlichkeit und wenig fundierte Meinungsbildung gelegentlich Triumphe feiern.« (Westfälische Nachrichten)

»(Ein) Band, der erwachsene und jugendliche Leser gleichermaßen tief bewegen wird; für letztere scheint das Buch aufgrund seiner Konkretheit besonders geeignet.« (Hans Spanaus in: das neue buch/Buchprofile)

»Ein sehr notwendiges Buch.« (Friedrich Andrae im ekz-Informationsdienst)

Ein Buch aus dem Lamuv Verlag

Olga Levy Drucker

Kindertransport
Allein auf der Flucht

Aus dem amerikanischen Englisch von Klaus Sticker
gebunden, mit 18 Abbildungen

Als Hitler 1933 die Macht ergreift, ist »Ollie«, wie sie alle nennen, gerade sechs Jahre alt. Die ersten Schilder tauchen auf: »Juden sind unerwünscht!«

Am 8. November 1938, in der sogenannten Reichskristallnacht, stürmen SA-Männer ihr Elternhaus. Ihr Vater, ein Stuttgarter Kinderbuchverleger, kommt ins KZ Dachau. »Bis dahin hatte ich keine Ahnung, was es hieß, jüdisch zu sein.«

Die Eltern beschließen, ihre elfjährige Tochter nach England zu schicken, mit einem »Kindertransport«. Am 3. März 1939 ist es soweit. Olga wird in den Zug gesetzt. Ihre Eltern wollen sechs Wochen später nachkommen. Doch daraus wird nichts.

Olga erlebt den Zweiten Weltkrieg im Exil, in einem Land, das von deutschen Flugzeugen bombardiert wird. Sie erfährt, was es heißt, Freunde zu verlieren, eine Fremde und Vertriebene zu sein, sich auf der Flucht zu befinden. Materiell leidet sie keine Not, doch fehlt ihr oft die menschliche Wärme, die sie so dringend gebraucht hätte. Quälend die Frage, ob sie ihre Eltern jemals wiedersehen würde...

Im März 1946 trifft Olga ihre Eltern in New York endlich wieder. Sie hatten im letzten Augenblick aus Deutschland fliehen können – was den wenigsten der 10 000 Eltern gelungen war, die ihre Jungen und Mädchen mit einem »Kindertransport« vor den Nazis retteten.

Olga Levy Druckers Erinnerungen an die Zeit von 1933 bis 1945 sind einzigartig. Nicht zuletzt deshalb ist ihr Werk als das beste Buch für junge Erwachsene von der »American Library Association« ausgezeichnet worden.

Ein Buch aus dem Lamuv Verlag